Kochen mit Schokolade

Unser Verlagsprogramm finden Sie unter
www.christian-verlag.de

Produktmanagement:
Annemarie Heinel
Textredaktion: Anja Ashauer-Schupp
Korrektur: Petra Tröger
Layout und Satz: Ute Schneider, u.s.design
Repro: Repro Ludwig, Zell am See
Umschlaggestaltung:
Caroline Daphne Georgiadis, Daphne Design,
unter Verwendung eines Fotos von Michael Meisen
Herstellung: Bettina Schippel

Texte: Eberhard Schell
Rezepte: Eberhard Schell
unter Mitarbeit von Hans Peter Merk
Vorwort und Weintipps: Natalie Lumpp
Fotografie: Michael Meisen,
Food & Stillife Photography & Concepts
Foodstyling: Tino Kalning
Styling: Ann Raab
Foto-Assistenz: Monika Fischer

Printed in Slovenia by Korotan

Christian Verlag
Postfach 400209
80702 München
E-Mail: lektorat@verlagshaus.de

Bildnachweis:
Alle Bilder stammen von Michael Meisen, außer
Seite 11, 12 und 157 © Eberhard Schell

Die Deutsche Nationalbibliothek verzeichnet diese
Publikation in der Deutschen Nationalbibliografie;
detaillierte bibliografische Daten sind im Internet über
http://dnb.d-nb.de abrufbar.

ISBN 978-3-86244-262-1

Kochen mit Schokolade

100 verführerisch-herzhafte Rezepte

CHRISTIAN

Inhalt

Vorwort

Anfangs, als ich von der Idee zu dem Buch hörte, war ich ein bisschen skeptisch: alle Gerichte mit Schokolade? Aber Eberhard Schell ist für mich ein ganz großer Künstler, wenn es um Schokolade geht – und die Neugier auf seine Schokoladenrezepte siegte natürlich.

Seit ich wie verrückt seine Schokoladengerichte gekocht habe, bin ich ganz euphorisch und meine Familie schwelgt immer noch! Die Rezepte sind wahrlich raffiniert, und auch wenn oft nur ein Hauch Schokolade verwendet wird, wirkt sie wie ein Geschmacksverstärker in dem Gericht.

Beeindruckend entwickeln sich auch die Weine zu den Rezepten. Vor allem »Barrique gereifte« Weine unterstützen die schokoladigen Aromen und laufen zur Hochform auf. Wenn die Weine im kleinen Eichenholzfass gereift sind, bringen sie häufig Aromen von Schokolade, gerösteten Mokkabohnen und gerösteten Haselnüssen mit – und ergänzen so perfekt die Schokolade.

Gleichzeitig entsteht der Eindruck, dass das Schokoladengericht die Weine hebt – sie schmecken noch mal so gut. Bei einigen Gerichten kommen besonders die frischen und lebendigen Weine zum Zug – sie lockern sie regelrecht auf. Es ist wirklich spannend!

Ich wünsche Ihnen genauso sensationelle wunderbare kulinarische Erlebnisse, wie ich sie hatte!

Herzlichst Ihre Natalie Lumpp

Schokolade verzaubert

Kommen Sie mit auf eine Entdeckungsreise in die Welt der hochwertigen Schokoladen und erleben Sie, wie vielfältig Schokolade schmecken kann. Denn wie jedes Gewürz bereichert und verzaubert auch Schokolade ein Gericht – lassen Sie sich verführen!

Seit vielen Jahren ist mein wichtigster Rohstoff Kakao. Als Meister des Konditorenhandwerks kreiere ich nicht nur Pralinen, Schokoladen und Desserts, sondern widme mich mit besonderer Leidenschaft dem Zusammenspiel von Wein und Schokolade.

Wer in Schokolade noch etwas anderes sieht als nur den süßen Begleiter für glücklose Stunden, stößt unweigerlich auf ihre Ursprünge. Schon seit Jahrhunderten ist es Tradition, Schokolade und Gewürze zu vereinen. Bestes Beispiel dafür ist die *mole poblano*. Bei uns hat Schokolade dagegen meist in süßer Form – entweder pur oder in Desserts – ihren großen Auftritt. Herzhafte Rezepte mit Schokolade führen eher ein Schattendasein. Genau das möchte ich mit diesem Buch ändern und Sie auf eine Reise entführen.

Sie werden überrascht sein, wo man Schokolade überall einsetzen kann. Betrachten Sie Schokolade als ein herausragendes Gewürz, welches Sie wie Salz, Pfeffer, Kräuter oder andere Gewürze zum Aromatisieren und Verfeinern einsetzen. Denn Schokolade ist nicht nur ein optischer Klecks, sondern Aromaträger. Wer diese neue Welt von herzhaften Gerichten mit Kakao oder Schokolade für sich entdecken möchte, muss die Vielfältigkeit der Schokolade ausnutzen.

Wie das geht? Wie jedes Gewürz für ein bestimmtes Aroma steht, so hat auch eine Schokolade je nach Herkunft und Kakaogehalt ihren charakteristischen Geschmack. Probieren Sie verschiedene hochwertige Lagenschokoladen, beispielsweise aus Kuba, Ecuador, Mexiko oder Peru. Sie werden sehen, dass jede Sorte anders schmeckt. Das Gleiche gilt für Milchschokoladen. Nur weiße Schoko-lade ist neutraler. Dies gilt allerdings nicht für das Kochen mit weißer Schokolade. Das ist sehr spannend – vor allem wenn noch eine Prise Gewürz wie Muskatblüte, Safran, Ingwer oder Kardamom mit im Spiel ist.

Bei der Verwendung von Schokolade in der Küche ist es wie bei jedem Rezept – seien Sie kreativ! Manchmal habe ich auf spezielle von mir kreierte Schokoladen verwiesen. Die bekommen Sie über meinen Internet-Shop. Ansonsten gibt es Lagenschokoladen in jedem guten Schokoladenfachgeschäft. Achten Sie darauf, dass Herkunft und Kakaosorte ausgewiesen sind. Grundprinzipien beim Kochen sind, nicht mit zu hoher Temeperatur zu arbeiten und die Schokolade erst kurz vor Garzeitende hinzuzufügen, da sich ansonsten ihre Aromen verändern und die Bestandteile verbrennen können. Auch Braten in Kakaobutter sorgt für einen wunderbaren Geschmack. Jedoch ist es wichtig, mit mäßigen Temperaturen zu braten.

Es ist relativ einfach, die Schokolade den Speisen zuzuordnen. Als Faustregel – von der es jedoch Ausnahmen gibt – gilt: je kräftiger die Speise, desto kräftiger darf auch die Schokolade sein. Fisch, Krustentiere und Hähnchen passen prima zu weißen oder Milchschokoladen. Kräftige Fleischsorten wie Wild oder Rind sowie dunkles Geflügel wie Ente oder Strauß dürfen sich mit edelherber Schokolade paaren. Wichtig ist, wie schon gesagt, eine hochwertige Schokolade zu verwenden – ebenso wie Sie bei den anderen Zutaten auf die Qualität achten. Getreu dem Motto: »Man kann nur aus Gutem etwas Gutes machen.«

Ich wünsche Ihnen viel Freude beim Nachkochen, Ihr Eberhard Schell

Ein Rohstoff und seine Geschichte

Speise der Götter lautet die freie Übersetzung für *Theobroma cacao*, den lateinischen Namen, den der Naturwissenschaftler Carl von Linné dem Kakaobaum gab. In der Mythologie der Azteken war er der Baum der Erkenntnis, den der Gott der Indios, Quetzalcoatl (die Endung »atl« steht für Wasser, aus dem alles Leben entsteht), dem Menschen schenkte. *Kakawa*, der Ursprung des Wortes Kakao, stammt aus der Sprache der Olmeken.

Die Indios bereiteten aus den Kakaobohnen ein Getränk. Das von den Azteken geprägte Wort *xocoatel* oder *xocolatl* ist Ausdruck dieser Sitte, denn es bedeutet »bitteres Wasser«. Bei uns wurde daraus Schokolade. Die Bohnen wurden geröstet, zerstampft, mit Maisbrei oder Wasser gemischt, mit scharfen Gewürzen verfeinert und schaumig geschlagen. Aus Krügen gossen die Indios die flüssige Labsal aus großer Höhe permanent um, bis die Kakaobutter einen wohlschmeckenden Schaum bildete.

1560 verfeinerten Nonnen auf der Halbinsel Yucatan erstmals *xocoatel* mit Rohrzucker und Orangenblüten. Außerdem tranken sie diese nicht wie die Indios lauwarm oder kalt, sondern heiß. Ebenso erfanden sie die Fermentation, ein Vorgang, bei dem sich die Geschmacksstoffe der Bohnen entwickeln. Damit war der Siegeszug der Schokolade nicht mehr aufzuhalten. In der ersten Hälfte des 17. Jahrhunderts entwickelte sich Schokolade zum Lieblingsgetränk des spanischen Adels und eroberte von dort aus alle europäischen Höfe und Fürstenhäuser. Doch war Schokolade nicht nur Genussmittel, sondern auch Medizin und sie wurde als stärkendes Mittel in Apotheken verkauft – und tatsächlich: Die Samen der Kakaofrucht sind ernährungsphysiologisch gesehen ein Wunderwerk. Ab dem ausgehenden 16. Jahrhundert brachten die

Eroberer und Kolonisten die Kakaopflanze in fast alle für sie geeigneten Wachstumszonen. Unter den Portugiesen gelangten die ersten Kakaopflanzen über São Tomé nach Westafrika. Aufgrund der Probleme beim Sklavenhandel legten sie dort Plantagen an, wo es die billigsten Arbeitskräfte gab. Während der Kolonialzeit Ende des 19. Jahrhunderts entwickelte sich so Westafrika zum Hauptanbaugebiet von Konsumkakao.

Das Terroir

Der Kakaobaum hat eine geografisch genau begrenzte Wachstumszone. Diese liegt 23° südlich und 23° nördlich des Äquators, verteilt auf drei Erdteile: Mittel- und Südamerika mit Mexiko, Santo Domingo, Costa Rica, Panama, Ecuador, Venezuela, Kolumbien, Peru, Bolivien, Guatemala, Honduras, Nicaragua und Brasilien; den karibischen Inseln Kuba, Jamaika, Haiti, der Dominikanischen Republik, Grenada, Trinidad und Tobago.

In Asien sind es hauptsächlich Indonesien, Papua-Neuguinea, Java, Indien, Thailand, Malaysia, Sri Lanka, die Philippinen sowie Inseln in der Südsee. In Afrika gibt es bedeutende Anbaugebiete in Äquatorial-Guinea, der Elfenbeinküste, Ghana, Kamerun, Nigeria, Togo, Guinea, Sierra Leone, Tansania, Liberia, Kongo, Uganda, Gabun, Zaire, Benin sowie auf den Inseln Madagaskar und São Tomé.

Dem Terroir fällt bei der Schokolade eine bedeutende Rolle zu. Bereitet man Kakaobohnen gleicher Sorte aus zehn verschiedenen Ländern in gleicher Weise zu, erhält man zehn unterschiedlich schmeckende Schokoladen. Die Herkunft der Bohnen schlägt sich im Geschmack nieder, und geübte

Zungen können die geschmacklichen Eigenschaften lokalisieren. Eine Lagenschokolade aus Tansania ist kraftvoll, herb, kräftig, sie erinnert an Waldboden und Himbeeren, hat eine kräftige Säure. Eine Lagenschokolade aus Kuba dagegen ist intensiv im Ausdruck, aromareich und lässt sogar feine Tabaknoten erkennen, nicht etwa, weil im Land der feinen Zigarren Tabakblätter bei der Herstellung der Schokolade verwendet werden, sondern weil der Charakter des Bodens zum Ausdruck kommt.

Der Kakaobaum

Wilde Kakaobäume benötigen Schatten und können doch bis zu 20 Meter hoch werden. Im industriellen Anbau sind sie nicht höher als drei bis dreieinhalb Meter, um die Ernte zu erleichtern. Außerdem sind diese hybridgezüchteten Pflanzen nicht auf Schatten angewiesen. Die Bäume der Kleinbauern, die hochwertigen Kakao liefern, sind meist zwischen vier und acht Meter hoch und werden mit Bananen oder Palmen angebaut, die Schatten spenden.Der Kakaobaum bringt Blüten sowie halbreife und reife Früchte zur gleichen Zeit hervor. Jede Schote enthält zwischen 35 und 45 Samenkerne, die in der Pulpa eingebettet sind. Dieses süß und leicht nach Kakao schmeckende Fruchtfleisch wird bei der Fermentation benötigt.

Die Kakaofrucht wird nach sieben bis zehn Monaten Reifezeit von den Bäumen geschnitten. Zur Verarbeitung wird sie meist mit der Machete halbiert, die Pulpa mit den weißlichen bis leicht violetten Samenkernen wird herausgenommen und in Gärkästen oder auf große Blätter, beispielsweise Bananenblätter, geschüttet, um dort zu fermentieren. Zuerst zersetzen Hefen die Pulpa, die sich verflüssigt und abläuft. Bei der einsetzenden alkoholischen Gärung entsteht Essigsäure. Sie durchdringt die Zellen der Samen, verhindert, dass diese keimen, und ruft die Bildung von Geschmacksstoffen sowie die typische Kakaofarbe hervor. Enzyme spalten die Proteine in Aminosäuren auf, und die meisten der adstringierenden, bitteren und sauren Stoffe verflüchtigen sich. Bei dem Prozess steigt die Temperatur der Samenkerne auf rund 50 °C. Um eine gleichmäßige Fermentation zu garantieren, müssen die Bohnen gewendet werden. Nichtfermentierte Bohnen sind gallenbitter und sehr sauer. Die Fermentationszeit beträgt drei bis zehn Tage – je hochwertiger der Kakao, desto kürzer.

Nach dem Fermentieren werden die Bohnen in der Sonne getrocknet. In manchen Regionen wird mechanisch oder mit Holzrauch getrocknet, was allerdings den Geschmack beeinträchtigen kann. Man spricht hier von Schinken- oder Rauchnoten. Die getrockneten Kakaobohnen werden in Jutesäcke verpackt und versendet. Die Erzeugerländer haben bis heute kaum eine weiterverarbeitende Industrie für Kakaoerzeugnisse aufgebaut, was auch mit den Temperaturen dort zusammenhängt. Der Ort der Weiterverarbeitung hat jedoch auf den Geschmack der fertigen Schokolade keine Auswirkungen. Entscheidend ist vielmehr die Sorte und Herkunft der Bohnen und wie die Schokoladen produziert werden.

Die Kakaobohne

Bei der Kakaobohne unterscheiden wir vier Hauptsorten: Forastero als Massenkonsumkakao und die Aroma- oder Edelkakaosorten Trinitario, Arriba oder Nacional – welche fälschlich zur Forastero gezählt wurde – und Criollo. Diese untergliedern sich wiederum in zig Sorten. Das Aussehen der Schoten und Früchte ist vielschichtig: Von Gelb, Grün, Braun, allen Arten von Rottönen bis Violett, Karmesin und Purpur findet man alle Farben.

Das Hauptkriterium für Qualität bei der Kakaopflanze ist die Sorte: Forastero (»Fremdling«) wird weltweit am meisten angebaut. Afrika ist Hauptanbaugebiet. Ihr großer Vorteil ist ihre Robustheit, die sie für Krankheiten wesentlich weniger anfällig macht. Zudem liefert Forastero die größten Erträge, weshalb sie rund 80 Prozent der Welternte ausmacht. Jedoch ist ihr Geschmack bis auf wenige Sorten meist schwach, bitter, fade und ausdruckslos. Sie kam zu Ehren, da lange Zeit der Preis der Kakaobohnen wichtigstes Kriterium und die Qualität der Bohnen von untergeordneter Bedeutung war.

Die zweitwichtigste Sorte ist die Trinitario, die von der Insel Trinidad stammt. Sie hat fast die gleichen qualitativen Eigenschaften wie die Criollo, ist aber weitaus widerstandsfähiger. Die Trinitarios machen heute ungefähr zehn Prozent der Welternte aus. Eine weitere Edelkakaosorte ist ausschließlich in Ecuador zu Hause. Sie heißt Nacional oder Arriba und ist von hervorragender Qualität. Sie trägt rund sechs Prozent zur Welternte bei.

Die Criollo ist die edelste unter den Kakaosorten. Ihr Geschmack ist am feinsten, aromatischsten, intensivsten und vielfältigsten. Ihre Nachteile sind der geringe Ertrag und die hohe Anfälligkeit gegen Krankheiten. Reine Criollos sind heute sehr selten. Erst in jüngerer Zeit werden die Edelsorten wieder intensiver angebaut, und man versucht, die Criollos etwas weniger anfällig zu züchten, ohne ihren Geschmack zu beeinträchtigen. Durch die höheren Preise macht sich der Anbau dieser Edelsorten für

die Bauern bezahlt. Doch nicht nur wirtschaftliche Aspekte fallen ins Gewicht, es ist auch der verantwortungsvolle Umgang mit der Natur, der dem Kakao und den Bauern zugute kommt. Die hochpreisigen Edelkakaos werden entweder als reine Lagenschokoladen, als Sorten wie Ocumare oder Porcelana oder als Plantagenschokoladen angeboten.

Edelkakaoschokoladen aus bestimmten Anbaugebieten besetzen nur kleine Nischen. Hier ist gewährleistet, welche Bohnensorte, von welchen Plantagen und Erzeugern verarbeitet wurde. Obwohl die Industrie auf den Zug der Herkunftsschokoladen aufgesprungen ist, befinden sich im unteren Preissegment so gut wie keine Edelkakaos. Erst ab einer gewissen Qualität wird Konsumbohnen ein kleiner Anteil an Edelkakao zugegeben. Weil das Geschmacksbild stets identisch sein soll, werden die Bohnen gemischt. Man spricht hier von Blends. Der Fachbegriff stammt von der Tee- oder Whiskyherstellung. Das Prinzip ist das Gleiche. Die Kunst der Kombination der Kakaobohnen setzt besonderes Können voraus. Doch nicht nur einfachen Kakaosorten aus der Elfenbeinküste und Ghana wird ein kleiner Teil Edelbohnen zugefügt, auch bei hochwertigen Schokoladen sorgen Blends für eine geschmackliche Perfektion.

Keine Orchidee, sondern eine Kakaoblüte

Edelkakao Arriba/Nacional am Baum

Kakaobohnen bei der Fermentation

Schokoladensee

Die Schokolade

Es gehören viel Wissen und Erfahrung dazu, eine Schokolade überdurchschnittlicher Qualität herzustellen, und es ist gar nicht so leicht, an gute Schokolade zu kommen. Heute gibt es Firmen wie Amedei, Barry, Belcolade, Cocovic, Callebaut, Cluizel, Domori, Felchlin, El Rey, Lubeca, Scharfenberg oder Valrhona, um nur ein paar zu nennen, die *Origines* also Lagen- oder Plantagenschokoladen herstellen.

In den Fabriken werden die Kakaobohnen gereinigt. Dann erfolgt die Röstung: Hochwertige Bohnen rösten 30 – 40 Minuten bei 100 – 130 °C, geringere Qualitäten des Konsumkakaos werden bei 160 – 200 °C geröstet, da die Bitterstoffe, die diese Bohnen wesentlich stärker enthalten, in Röstaromen egalisiert werden sollen. Die Bohne wird nun wesentlich dunkler, ihre Farbe reicht von Kakaorot und hellem Braun bis zu dunkleren Brauntönen. Die Röstung lässt ihre Zuckeranteile karamellisieren, natürliche Aromen wie Vanillenoten kommen intensiv zur Geltung. Der natürliche Kakaogeschmack wird intensiviert, Bitterstoffe werden abgemildert.

Da die Kakaobohnen beim Rösten durch den fast kompletten Wasserentzug brüchig geworden sind, lässt sich die Schale nun leicht ablösen. Dies geschieht im Brecher, der die Schalen durch ein Gebläse von den Nibs, den Kakaokernen, trennt. Die Nibs werden zu einer zähen, teigigen Masse

zermahlen. Eigentlich könnte man direkt daraus Schokolade zubereiten, aber um eine konstante Qualität auch in Bezug auf die Verhältnisse von Kakao, Kakaobutter und den anderen Zutaten zu erhalten, wird das Prinzip von Van Houten genutzt. Die Kakaomasse wird unter hohem Druck gepresst, um Kakaopulver und -butter voneinander zu trennen.

Zur Herstellung von Schokolade werden meist Kakaopulver und Kakaobutter in einem festgelegten Verhältnis gemischt. Je nach Typ und Qualität kommen Zucker und Milchpulver hinzu, ebenso echte Vanille oder künstliches Vanillin. Fast allen Schokoladen wird auch ein kleiner Anteil Lecithin, meist Soja-Lecithin, zugesetzt, damit die Masse für die weitere Verarbeitung homogen und geschmeidig bleibt.

Eine Maschine verarbeitet die Zutaten zu einer Schokoladenpaste, die von riesigen Feinwalzen zu einem feinkörnigen, ziegelfarbenen Pulver zerdrückt wird. Dieses Pulver kommt in die Conche – das spanische Wort für Muschel ist *concha*. Es gibt verschiedene Arten der Conche. Bei der Flachconche wird die Schokolade mit Stahlwalzen auf Granitflächen feinstens verschliffen und gewalzt und erwärmt sich dabei auf 58 bis 65 °C. Dies ist eine der ältesten und besten Arten, Schokolade zu conchieren. Heute gibt es Conchen wie die Kugelconche, die ihre Arbeit wesentlich intensiver und schneller erledigen. Dabei wird die Kakaomasse durch kleine

Stahlkugeln mit den anderen Zutaten regelrecht zu Brei zerschlagen. Bei Billigschokoladen wird die Conchentemperatur bis auf 99 °C erhöht, um Bitterstoffe und unangenehme Säuren zu entschärfen, ähnlich wie vorher beim längeren Rösten. Solche Konsumschokolade wird meist nicht mehr als zwölf bis 18 Stunden conchiert. Bei den manuellen Conchen werden die Schokoladen je nach Qualität bis zu 72 Stunden, manchmal auch länger, bearbeitet. Die Schokolade verflüssigt sich, wird geschmeidiger und aromatischer. Außerdem verflüchtigt sich die Essigsäure, die sich durch die Fermentation angereichert hat. Nur die besten Schokoladen durchlaufen diese Prozedur in traditioneller Weise in 24 bis 72 Stunden.

Aber nicht alle guten Schokoladen vertragen lange Conchierzeiten. Einige Edelkakaos halten es in der Apparatur nur kurze Zeit aus, sonst verlieren sie an Aroma und Geschmack, weil sie die Oxidation nicht vertragen. Nun ist die Schokolade weitgehend fertig. Chocolatiers und Konditoren veredeln sie und geben ihr den letzten Schliff.

Dunkle Schokoladen unterscheiden wir in halbbittere, edelherbe und ganz dunkle Sorten. Die halbbitteren Schokoladen haben einen Kakaoanteil von 50 bis 59 Prozent, ab 60 bis 85 Prozent Kakao spricht man von edelherben Schokoladen, bei 86 bis 99 Prozent von ganz dunklen Sorten.

Milchschokoladen sind Milchfette in Form von Milch und Sahnepulver zugesetzt worden. Ihr Kakaoanteil liegt zwischen 22 und 49 Prozent. Je höher er ist, desto schokoladiger der Geschmack.

Weiße Schokolade enthält keine Kakaomasse. Sie besteht aus Milchfetten, Kakaobutter und Zucker, daher auch ihre weiße Farbe. Weiße- und Milchschokoladen sollten kein anderes Fett als Milchfett und Kakaobutter enthalten, in den dunklen Sorten sollte nur Kakaobutter enthalten sein. Darauf sollte man achten, denn laut einer EU-Verordnung von 2005 dürfen der Schokolade leider auch fünf Prozent Fremdfette wie Palm- oder Erdnussöl sowie Rindertalg anstelle von Kakaobutter zugefügt werden.

Die Farbe sagt nichts über die Qualität einer Schokolade aus. Auch ist eine gute Schokolade nicht nur am höheren Preis zu erkennen. Achten Sie darauf, dass Herkunft und Kakaosorte auf der Verpackung ausgewiesen sind. Der Kakaoanteil hat nicht unbedingt etwas mit Qualität zu tun.

Eine hochwertige Schokolade nimmt man mit allen Sinnen wahr. Eine gute Schokolade muss bei Raumtemperatur (21 °C) beim Zerbrechen einen hellen Knackton hervorbringen. Zudem darf sie nicht krümeln, dies wäre ein Zeichen für eine schlechte Conchierung. Sie darf auch nicht klebrig, mehlig oder fettig an den Fingern, geschweige denn im Mund sein und sie muss vielschichtig bis hin zu fruchtig riechen und natürlich schmecken.

Schokolade sollte zwischen zwölf und 18 °C an einem trockenen und geruchsneutralen Ort aufbewahrt werden – nicht im Kühlschrank, da sie dessen Gerüche annimmt. Außerdem bildet sich bei zu kühlen Temperaturen Kondenswasser, das einen kristallinen Zuckerreif an der Oberfläche hervorruft. Wird die Schokolade zu warm, ab 25 °C, löst sich die Kakaobutter von der Kakaomasse und die Schokolade sieht grau und schmierig aus. Auch wenn diese Schokolade nicht verdorben ist, kann von einem perfekten Genuss keine Rede mehr sein. Schokolade mit Fremdfetten wäre deformiert, würde aber nach wie vor glänzen.

Wer seiner etwas unansehnlich gewordenen Schokolade wieder zum gewohnte Aussehen verhelfen möchte, muss sich nur ein klein wenig Mühe geben: Die Tafel bei 48 °C komplett auflösen, die Masse auf 22 °C abkühlen lassen und wiederum auf exakt 32 °C erwärmen. Dann kann sie in eine Schokoladenform gegossen werden und abkühlen: Das gute Stück ist zurück, hat wieder seinen Glanz und zarten Schmelz. Diese Vorgehensweise nennt man Temperieren.

Vorspeisen & Suppen

Eine gelungene Vorspeise bleibt wie auch das Dessert im Gedächtnis der Genießer. Dies um so mehr, wenn eine raffinierte Zutat – bei nachfolgenden Rezepten ist es die Schokolade – zum Zuge kommt. Sie harmoniert nicht nur in einer köstlichen Suppe oder zu frischen Antipasti hervorragend, sondern bereichert auch Terrinen und Aufstriche in den verschiedensten Variationen.

Mit solchen gekonnt veredelten Vorspeisen zaubern Sie eine optimale Grundlage für ein rundherum perfektes Menü.

Terrine vom Feldgemüse mit Schokoladenaroma

Zubereitung: 1 Stunde
Kühlen: 12 Stunden
Für 6 Personen

Zutaten

300 – 400 g Gemüsewürfel (Zucchini, Paprika,
Karotten) | Sonnenblumenöl | Salz | Pfeffer, frisch
gemahlen | 500 g Knollensellerie, geschält und
gewürfelt | 500 g Pellkartoffeln, geschält (vom
Vortag) | 200 g Naturjoghurt | 400 g Quark
Schokoladensalz | abgeriebene Schale von je
1 unbehandelten Zitrone und Limette | 1 – 2 EL
Olivenöl | 20 – 30 g weiße Schokolade, geraspelt
8 – 10 Blatt Gelatine | 4 Eigelb | 1 – 2 EL Weiß-
wein | 3 EL gehackte Kräuter (Petersilie, Kerbel
und Schnittlauch) | 10 – 20 g Kakao-Nibs

Für die Kräuterflädle

120 g Mehl | 2 Eigelb | 125 ml Sahne
250 ml Milch | 1 Prise Salz | Pfeffer, frisch
gemahlen | 1 EL gehackte Petersilie

▎ Die Gemüsewürfel in einer Pfanne in etwas Öl
leicht anbraten und beiseitestellen.

▎ In einem Topf Wasser aufkochen, salzen und den
Sellerie darin weich kochen. Abgießen und mit
der Gabel oder Kartoffelpresse zerdrücken. Die
Kartoffeln grob raspeln.

▎ Sellerie, Kartoffeln, Joghurt und Quark verrühren
und mit Schokoladensalz, Pfeffer, Zitrusschale,
Olivenöl und Schokolade abschmecken. Die
Gemüsewürfel zugeben.

▎ Die Gelatine in kaltem Wasser einweichen. Die
Eigelbe und den Wein über Wasserdampf schau-
mig schlagen. Die Gelatine ausdrücken und unter
Rühren darin auflösen; mit den Kräutern und den
Kakao-Nibs unter die Gemüsemischung mengen.

▎ Für die Flädle sämtliche Zutaten außer den Kräutern mit dem Schneebesen glatt rühren. Die Kräuter unterziehen. In einer beschichteten Pfanne
wenig Öl erhitzen und den Teig darin zu kleinen,
sehr dünnen Pfannkuchen braten.

▎ Eine große oder mehrere kleine Terrinenformen
mit Kräuterflädle auslegen und die Masse ein-
füllen. Für etwa 12 Stunden in den Kühlschrank
stellen.

Ricotta-Forellen-Mousse mit Safranschokolade

Zubereitung: 45 Minuten
Kühlen: 6 Stunden
Für 4 Personen

Zutaten

200 g geräucherter Lachs, dünn geschnitten
250 g Räucherforellenfilet, ohne Gräten und Haut
250 g Ricotta | 80 ml Sahne, leicht geschlagen,
plus 3 EL Sahne | Schokoladensalz | Pfeffer,
frisch gemahlen | abgeriebene Schale von
1 unbehandelten Limette | 3 Blatt weiße Gelatine
25 g weiße Schokolade mit Safran, fein gehackt
60 g Räucherlachs, gewürfelt

▎ Eine Terrinenform mit Lachsscheiben auskleiden.

▎ Das Forellenfilet zerkleinern und den Ricotta dazugeben. Zu einer glatten Masse verarbeiten und die
leicht geschlagene Sahne unterziehen. Mit Schokoladensalz, Pfeffer und Limettenschale würzen.

▎ Die Gelatine in kaltem Wasser einweichen. Zwei
Esslöffel Sahne erwärmen und die weiße Schokolade darin auflösen. Die Gelatine ausdrücken, mit
einem Esslöffel Sahne in einem kleinen Topf bei
schwacher Hitze auflösen. Die Schokoladensahne
auf maximal 60 °C erwärmen und die Gelatine
unterrühren; unter die Forellenmousse ziehen.

▎ Die Lachswürfel unterheben, die Mousse in die
Terrinenform füllen und für etwa 6 Stunden kalt
stellen. Zum Servieren stürzen und in Scheiben
schneiden (siehe Foto).

Schokoladen-Espresso-Focaccia

Zubereitung: 45 Minuten
Ruhen: 2 – 3 Stunden
Ergibt 1 Backblech

Zutaten

60 g edelherbe Schokolade
(70 % Kakao)
60 g getrocknete Aprikosen
700 g Mehl
25 g frische Hefe
1 TL Salz
8 g Espressobohnen, gemahlen
3 Knoblauchzehen
1 Zweig Rosmarin
3 EL Olivenöl
1 TL Meersalz

Schokolade und Aprikosen fein hacken. Mehl, Hefe, 330 Milliliter Wasser, Salz und die gemahlenen Espressobohnen zu einem glatten Teig verkneten. Die Aprikosen und die Schokolade dazugeben und sorgfältig unterkneten. Der Teig sollte weich und elastisch sein. Falls nötig, noch etwas Wasser oder Mehl zufügen. Den Teig zu einer Kugel formen und in einer Schüssel an einem warmen Ort zugedeckt 2 – 3 Stunden ruhen lassen, bis sich sein Volumen verdoppelt hat.

Den Backofen auf höchster Stufe (230 – 250 °C) vorheizen. Ein Backblech mit Backpapier auslegen und den Teig direkt aus der Schüssel darauffallen lassen. Nicht mehr kneten! Den Teig auf dem Blech mit den Händen 2 – 3 Zentimeter dick ausbreiten und mit der Gabel ein paar Mal einstechen. Im Ofen (Mitte) 20 – 25 Minuten backen.

Inzwischen den Knoblauch schälen und fein hacken. Den Rosmarin waschen und trocken schütteln. Die Blätter abzupfen und ebenfalls fein hacken. Beides mit dem Olivenöl verrühren.

Die fertige Focaccia noch heiß mit dem Knoblauch-Rosmarin-Öl bestreichen und mit Meersalz bestreuen. Köstlich zu einer italienischen Vorspeisenplatte mit Schinken und Wurst.

Schokoladige Tomaten-Antipasti

Zubereitung: 20 Minuten
Marinieren: 3 – 5 Stunden
Für 4 Personen

Zutaten

Sonnenblumenöl | 2 – 3 EL brauner
Rohrzucker | 100 ml Balsamicoessig
100 ml halbtrockener Weißwein
800 g reife Kirschtomaten
2 EL gehackte Kräuter (Rosmarin,
Thymian, Kerbel und Basilikum)
1 – 2 EL Olivenöl | 35 g Milchschokolade Rio Huimbi aus Ecuador (42 %
Kakao), gehackt | Schokoladensalz
Pfeffer, grob gemahlen | ½ TL rote
und grüne Pfefferkörner | Basilikum
zum Garnieren (nach Belieben)

Etwas Sonnenblumenöl in einer Pfanne bei mittlerer Temperatur erhitzen und den Zucker darin karamellisieren lassen. Mit Essig und Weißwein ablöschen und leicht köcheln lassen, bis sich der Karamell aufgelöst hat.

Die Tomaten in die Pfanne geben und kurz und kräftig durchschwenken; in eine Schüssel füllen. Die gehackten Kräuter, das Olivenöl und die gehackte Schokolade zugeben, mit Schokoladensalz, grob gemahlenem Pfeffer und den Pfefferkörnern würzen und vorsichtig unterheben. Die Antipasti eventuell mit weiterem Balsamicoessig abschmecken und vor dem Servieren 3 – 5 Stunden marinieren. Nach Belieben mit Basilikum garnieren (siehe Foto).

Tipp: Wenn man die Tomaten leicht einritzt, nehmen sie die Aromen noch besser auf.

Rettich-Sellerie-Aufstrich

Zubereitung: 20 Minuten
Für 10 Kanapees

Zutaten

100 g schwarzer Rettich, geschält
60 g Knollensellerie, geschält | 40 ml Sahne
Schokoladensalz | Pfeffer
20 g weiße Schokolade, fein gehackt
10 kleine Scheiben Bauernbrot
30 g Radieschen, in feine Stifte geschnitten
(zur Garnitur)

▌Rettich und Sellerie in ganz feine Streifen schneiden oder fein reiben. Beides mit der Sahne vermischen und mit Schokoladensalz und Pfeffer würzen. Zum Schluss die gehackte Schokolade unterziehen. Das Bauernbrot rösten, den Aufstrich auf die Brote streichen und mit den Radieschen garnieren.

Kartotten-Apfel-Aufstrich

Zubereitung: 20 Minuten
Für 10 Kanapees

Zutaten

80 g Karotten, geschält
40 g Knollensellerie, geschält
40 g Apfel | 40 g Naturjoghurt
1 TL Sonnenblumenöl | Zitronensaft
20 g weiße Schokolade mit Safran, gehackt
Schokoladensalz | 10 Scheiben Baguette
20 g Karotten, geschält, in feine Stifte geschnitten (zum Garnieren)
20 g Haselnüsse, gehackt (zum Garnieren)

▌Die Karotten und den Sellerie fein reiben. Den Apfel fein würfeln.

▌Karotten, Sellerie und Apfel mit dem Joghurt, dem Öl, Zitronensaft nach Geschmack und der Schokolade vermischen und mit Schokoladensalz würzen.

▌Die Baguettescheiben rösten, den Aufstrich daraufstreichen, mit Karottenstiften und gehackten Haselnüssen garnieren und servieren.

Nussaufstrich

Zubereitung: 15 Minuten
Ergibt 600 g

Zutaten

250 g Nusskerne (alle Sorten sind möglich)
250 g Butter | Schokoladensalz
60 ml Amaretto
40 g edelherbe Schokolade (70 % Kakao),
fein gehackt
½ TL Kakao-Nibs

Die Nüsse fein mahlen und in eine Schüssel
geben. Die Butter hinzufügen, beides leicht vermischen und mit Schokoladensalz würzen. Den
Amaretto hinzufügen und die Mischung schaumig
schlagen. Zum Schluss die gehackte Schokolade
und die Kakao-Nibs unterziehen.

Frischkäse-Stracciatella

Zubereitung: 30 Minuten
Für 12 Kanapees

Zutaten

200 g Frischkäse
50 ml Sahne
1 TL Schokoladensalz
40 g edelherbe Schokolade (70 % Kakao)
beispielsweise aus Tansania

Frischkäse und Sahne glatt rühren und das Schokoladensalz untermischen. Den Aufstrich im Kühlschrank gut durchkühlen lassen. Währenddessen
die Schokolade im heißen Wasserbad auf 44 °C
erwärmen, herausnehmen, auf 22 °C abkühlen
lassen und dann im Wasserbad wiederum auf
exakt 32 °C erwärmen. Diesen Vorgang nennt
man Temperieren. Die Schokolade unter beständigem Rühren mit einem Schneebesen langsam in
die Käsemasse fließen lassen. Durch das lang-
same, kontinuierliche Einrühren in die sehr kalte
Masse stockt die Schokolade sofort und bildet
die für Stracciatella typischen Schokostückchen.
Dieser Aufstrich mundet auf allen Brotsorten und
ist auch ideal zum Garnieren von Appetithäpp-
chen auf Vollkornbrot mit Tomaten oder Gurken.

Kalte Gurkensuppe von der Saint-Domingue-Schokolade

Zubereitung: 25 Minuten
Für 4 Personen

Zutaten

1 Salatgurke
800 ml Buttermilch
Saft und abgeriebene Schale von
½ unbehandelten Zitrone
1 Prise gemahlener Koriander
30 g edelherbe Schokolade aus der
Dominikanischen Republik (70 %
Kakao)
1 Bund Dill
½ TL Schokoladensalz
schwarzer Pfeffer, frisch gemahlen

▌ Die Gurke schälen, längs halbieren und das weiche Innere mitsamt den Kernen herausschaben. Das Fruchtfleisch in Scheiben schneiden und mit der Hälfte der Buttermilch, Zitronensaft und -schale sowie dem Koriander fein pürieren.

▌ Die restlichen 400 Milliliter Buttermilch in den Gefrierschrank stellen und ganz leicht anfrieren. Die Schokolade im warmen Wasserbad schmelzen. Die Buttermilch aus dem Gefrierschrank nehmen und die Schokolade mit einem Schneebesen leicht unterrühren. Sie wird sofort fest und die Buttermilch bleibt weiß – wie flüssiges Stracciatellaeis.

▌ Den Dill fein hacken, ein paar kleine Dillzweige für Garniturzwecke zurückbehalten. Dill und Schokoladenbuttermilch in die Gurkensuppe rühren. Diese mit Schokoladensalz und Pfeffer würzen und zugedeckt im Kühlschrank durchziehen lassen.

▌ Vor dem Servieren die Suppe kräftig aufrühren und in gekühlte Suppenteller schöpfen. Nach Belieben mit Gurkenstreifen und Dillzweigen garnieren.

Tipp: Alternativ kann man die geschmolzene Schokolade ganz dünn auf Butterbrotpapier streichen und in den Kühlschrank stellen. Die gekühlte Schokolade in Stückchen zerbrechen und in die fertige Suppe geben.

Kürbissuppe mit Umami-Schokolade

Zubereitung: 1 Stunde 30 Minuten
Für 4 Personen

Zutaten

800 g Hokkaidokürbis
30 g Ingwer, geschält
Instant-Fleischbrühe
200 ml Sahne, plus Sahne zum
Garnieren | 50 ml Riesling
Saft von 1 Orange (oder 50 ml
Orangensaft) | Salz
Pfeffer, frisch gemahlen | Zucker
50 g Umami-Schokolade (38 % Kakao,
gewürzt mit Salz und Zitrusgewürzen),
gehackt | 10 g Kürbiskerne, geröstet
Kürbiskernöl

▌ Den Hokkaidokürbis und den Ingwer in eine mit Wasser gefüllte Bratenpfanne legen und im Ofen bei 200 °C garen, bis er weich ist. Das dauert etwa 1 Stunde.

▌ Den Kürbis aus dem Wasser nehmen und abkühlen lassen, bis man ihn anfassen kann. Das Wasser aufbewahren.

▌ Die Instant-Fleischbrühe in 300 Milliliter Kürbiswasser auflösen. Die Kürbiskerne und das faserige Innere aus dem Kürbis entfernen und das Fruchtfleisch mit der Brühe und dem Ingwer pürieren.

▌ Das Püree aufkochen lassen, dann die Sahne, den Riesling und den Orangensaft hinzufügen. Die Suppe mit Salz, Pfeffer und Zucker abschmecken und erneut aufkochen lassen. Den Herd auf niedrige Hitze stellen.

▌ Die Schokolade in die Suppe rühren und diese mit gerösteten Kürbiskernen, ein paar Tropfen Kürbiskernöl und einem Klecks Sahne garnieren und servieren (siehe Foto).

Rote-Bete-Schoko-Suppe

Zubereitung: 45 Minuten
Für 4 Personen

Zutaten

400 g Rote Bete
körnige Instant-Fleischbrühe
100 ml Sahne, plus Sahne zum
Garnieren
30 g Sauerkirsch-Chili-
Konfitüre (ersatzweise Sauerkirschkonfitüre)
Schokoladensalz
Pfeffer, frisch gemahlen
Zucker
50 g Venezuela-Espelette-Schokolade (70 % Kakao; gewürzt mit
Piment d'Espelette)

Die Rote Bete schälen, in einem Topf knapp mit Wasser bedecken und etwa 30 Minuten kochen, bis sie weich ist. Die Rote
Bete aus dem Kochwasser nehmen. 400 Milliliter von dem Kochwasser abnehmen und daraus mit der körnigen Brühe eine
Fleischbrühe herstellen. Das restliche Kochwasser weggießen.
Die Rote Bete mit der Fleischbrühe zurück in den Topf geben, mit
dem Stabmixer pürieren und kurz aufkochen lassen. Die Sahne
hinzufügen. Die Konfitüre unterrühren. Die Suppe mit Schokoladensalz, frisch gemahlenem Pfeffer und Zucker abschmecken
und erneut kurz aufkochen lassen.
Den Herd auf niedrige Temperatur stellen und die gehackte Schokolade in der Suppe auflösen. Nicht mehr aufkochen. Die Suppe in
Teller schöpfen, nach Belieben mit frittierten Rote-Bete-Streifen
(siehe unten) und einem Klecks Sahne garnieren und servieren.

Gut zu wissen: Die pürierte Rote Bete nicht mehr stark kochen, sonst verliert sie die Farbe. Für frittierte Rote-Bete-Streifen
etwas Rote Bete dünn hobeln und mit Öl bepinseln. Ein Back
blech mit Backpapier auslegen, die Streifen darauf verteilen, mit
Backpapier bedecken und mit einem zweiten Blech beschweren.
Im Ofen bei 110 °C 1 Stunde trocknen lassen.

Petersiliensuppe mit Papua Rouge

Zubereitung: 50 Minuten
Für 4 Personen

Zutaten

400 g Petersilienwurzeln oder
Pastinaken
400 ml Fleischbrühe (Instant)
80 ml Sahne, plus Sahne
zum Garnieren
50 ml trockener Weißwein
Salz | Pondicherrypfeffer, frisch
gemahlen | Zucker
35 g Papua-Rouge-Milchschoko-
lade mit rotem Pondicherrypfeffer (38 % Kakao), gehackt
Petersilie oder Schokoladensalz
zum Garnieren

Die Petersilienwurzeln oder Pastinaken schälen und in zwei Zenti-
meter große Stücke schneiden. Parallel dazu die Brühe erhitzen.
Die zerkleinerten Wurzeln in die kochende Brühe geben und in
30 – 40 Minuten weich kochen.
Das Gemüse in der Brühe mit dem Stabmixer fein pürieren. Die
Sahne, den Weißwein, Salz, Pondicherrypfeffer und eine Prise
Zucker unterrühren und die Suppe aufkochen lassen. Eventuell
mit weiterer Fleischbrühe verdünnen, wenn sie zu dickflüssig ist.
Den Herd auf niedrige Temperatur stellen und die Schokolade mit
dem Schneebesen in die Suppe rühren.
Die Suppe in Teller schöpfen und mit geschlagener Sahne und
Petersilie oder Schokoladensalz garnieren. Wer mag, kann
zusätzlich noch etwas gehackte Schokolade auf die Sahne
streuen.

Pfifferlingschaumsuppe mit weißer Schokolade

Zubereitung: 25 Minuten
Für 4 Personen

Zutaten

100 g Zwiebeln, fein gewürfelt
2 EL Macadamiaöl
500 g Pfifferlinge, geputzt
80 ml weißer Portwein
850 ml Gemüsebouillon
300 ml Sahne
Muskatblüte, gemahlen
weißer Pfeffer, frisch gemahlen
80 g weiße Schokolade, gehackt

Die Zwiebeln in einem Esslöffel Macadamiaöl anschwitzen, 400 Gramm Pfifferlinge zugeben und kurz anbraten. Mit dem Portwein ablöschen, Bouillon und Sahne angießen.

Die Suppe aufkochen und köcheln lassen, bis die Pilze weich sind. Das dauert etwa 10 Minuten. Während die Suppe kocht, die restlichen Pfifferlinge in einer kleinen Pfanne in dem restlichen Öl leicht anbraten.

Die Suppe mit dem Stabmixer pürieren und mit Muskatblüte und Pfeffer abschmecken. Den Herd auf niedrige Temperatur stellen, die Schokolade in die Suppe geben und unter Rühren darin auflösen. Die Suppe durch ein Sieb passieren.

Die Suppe in Teller schöpfen und mit den angebratenen Pfifferlingen als Einlage servieren.

Maronenschaumsüppchen mit Macadamiaschokolade

Zubereitung: 20 Minuten
Für 4 Personen

Zutaten

400 g geschälte, gekochte Maronen (vakuumverpackt)
200 ml Sahne, plus Sahne zum Garnieren
100 ml Portwein
1 – 2 EL Weinbrand
300 ml Fleisch- oder Geflügelbrühe (Instant)
Meersalz
Pfeffer, frisch gemahlen
1 Prise Cayennepfeffer
50 g Macadamiaschokolade mit Tahitivanille (42 % Kakao), fein gehackt, plus Schokolade zum Garnieren

Zwei Maronen für Garniturzwecke beiseitelegen. Die restlichen Maronen im Mixer mit der Sahne, dem Portwein und dem Weinbrand fein pürieren. Die Brühe aufkochen und das Maronenpüree unterrühren. Die Suppe zum Kochen bringen, mit Salz, Pfeffer und Cayennepfeffer abschmecken und nochmals aufkochen.

Den Herd auf niedrige Temperatur stellen und die Schokolade in die nicht mehr kochende Suppe einrühren. Die Suppe erneut abschmecken und mit dem Stabmixer kräftig aufschäumen.

Das Schaumsüppchen in vorgewärmte tiefe Suppenteller schöpfen und jede Portion mit einem Klecks Sahne, gehackter Schokolade und gehobelten Maronen garnieren.

Variante: Als Einlage passen gebratene und mit Speck umhüllte Birnen oder auch frisch gebratene Scampi oder Jakobsmuscheln dazu.

Weintipp: Perfekt für Barrique-gereifte Weißweine! Ob Chardonnay oder Grauburgunder – üppig müssen sie sein. Eine Spätlese-Qualität im Barrique ausgebaut besitzt die nötige Kraft und den Schmelz. Ein weiterer Bonus ist, dass die hohen Qualitäten etwas mehr Alkohol mitbringen und die Suppe bekömmlicher machen.

Ochsenschwanzsuppe mit São-Tomé-Schokolade

Die edelherbe Schokolade aus São Tomé unterstreicht den kräftigen Fleischgeschmack, rundet das Aroma der Suppe ab und sorgt für ein wenig Bindung.

Zubereitung: 2 Stunden
Für 6 Personen

Zutaten

25 g Butterschmalz | 650 g Ochsenschwanz
1 ½ mittelgroße Zwiebeln, gewürfelt
50 g Lauch, in Ringe geschnitten
50 g Knollensellerie, geschält und gewürfelt
50 g Karotten, geschält und gewürfelt
50 g Petersilienwurzel, geschält und gewürfelt
½ TL brauner Zucker | 25 g Mehl
1 EL Weinbrand | 1 Dose (400 ml) pürierte
Tomaten | 2 ½ l Rinderbrühe | 5 Wacholderbeeren | 1 Lorbeerblatt | Salz | Pfeffer, frisch
gemahlen | 80 ml Sahne | 80 ml Madeira
35 g edelherbe Schokolade aus São Tomé
(70 % Kakao), fein gehackt

Das Butterschmalz in einem Bräter erhitzen. Den Ochsenschwanz in den Bräter legen und bei mittlerer bis hoher Temperatur rundherum kräftig anbraten. Das geputzte und zerkleinerte Gemüse hinzufügen und ebenfalls kräftig anbraten.

Den Zucker darüberstreuen und karamellisieren lassen. Alles mit dem Mehl bestauben und dieses bräunen lassen. Mit dem Weinbrand ablöschen und die Tomaten sowie einen Liter der Rinderbrühe, die Wacholderbeeren und das Lorbeerblatt hinzufügen. Alles einmal aufkochen lassen.

Nun die Hitze auf mittlere Temperatur reduzieren. Die restliche Rinderbrühe angießen und mit Pfeffer und Salz nach Bedarf würzen.

Den Ochsenschwanz zugedeckt 1 Stunde 20 Minuten auf kleiner Flamme köcheln lassen, bis das Fleisch sich leicht vom Knochen lösen lässt. Den Schwanz aus der Brühe nehmen, etwas abkühlen lassen und von Knochen, Fett und den Sehnen befreien. Das Fleisch klein würfeln.

Die Brühe durch ein Sieb in einen Topf gießen und nochmals aufkochen lassen. Sahne und Madeira miteinander verrühren und in die Suppe geben. Diese nochmals erwärmen, aber nicht mehr kochen. Die gehackte Schokolade in die Suppe rühren und das Fleisch hinzufügen.

Passt gut dazu: Zur Suppe passt ein schönes kräftiges Holzofenbrot.

Weintipp: Ein kräftiger Spätburgunder, mindestens Spätlesequalität, kommt hier richtig zur Geltung. Wenn der Spätburgunder oder Pinot Noir – wie die Franzosen sagen – eine hohe Traubenreife zum Zeitpunkt der Lese hatte, entwickeln sich oft Aromen, die an dunkle Schokolade erinnern. Wegen des Schmorgemüses wie Lauch, Sellerie und Karotten eignen sich im kleinen Eichenholzfass ausgebaute Weine besonders gut. Die Toastingaromen verschmelzen perfekt miteinander.

Hummersuppe mit weißer Schokolade und Scampi

Edler Hummer und edle Safranschokolade – eine zauberhafte Verbindung.

Zubereitung: 2 Stunden 35 Minuten
Für 6 Personen

Zutaten

2 kleine, tiefgekühlte Hummer

4 Scampi | Pflanzenöl zum Braten

80 g Knollensellerie, geschält und gewürfelt

80 g Karotten, gewürfelt

80 g Zwiebeln, gewürfelt

½ scharfe Cilischote | 1 EL Tomatenmark

1 Prise brauner Zucker | 1 Lorbeerblatt

2 Gewürznelken | 5 weiße Pfefferkörner

1 l Sahne | 1 EL Hummerpaste

20 g Butterschmalz | 80 ml Cognac

80 ml Noilly Prat (oder ein anderer Wermut)

80 ml weißer Portwein | Salz | Pfeffer, frisch
gemahlen | 60 g weiße Schokolade mit Safran,
gehackt (ersatzweise 60 g weiße Schokolade
und 4 Safranfäden | 2 EL Pernod

Die Hummer über Nacht im Kühlschrank auftauen lassen. Das Fleisch aus dem Schwanz und den Scheren auslösen und klein schneiden. Die Karkassen aufbewahren. Ebenso die Scampi bis auf den Schwanz schälen und die Karkassen aufbewahren.

Etwas Öl in einem Schmortopf erhitzen. Sämtliche Karkassen kräftig darin anbraten. Das Gemüse und die Chilischote hinzufügen und kräftig anbraten. Dann das Tomatenmark und den Zucker dazugeben und karamellisieren lassen. Alles mit anderthalb Liter Wasser ablöschen und Lorbeer, Gewürznelken sowie Pfefferkörner hinzufügen.

Den Fond unbedeckt bei schwacher Hitze auf rund 700 Milliliter einkochen lassen. Während der Fond kocht, etwa 100 Milliliter Sahne steif schlagen und kühl stellen.

Den eingekochten Hummerfond durch ein Sieb in einen zweiten Topf gießen und mit der restlichen Sahne erhitzen. Die Hummerpaste hinzufügen und alles leicht köcheln lassen.

Eine Pfanne mit dem Butterschmalz auf mittlerer Hitze erwärmen und das Hummerfleisch darin kurz durchschwenken. Mit dem Cognac ablöschen und diesen anzünden. Den Wermut und den Portwein hinzugießen und kräftig aufkochen lassen. Den Pfanneninhalt in die Suppe geben und diese mit Salz und Pfeffer abschmecken. Den Herd auf schwache Hitze stellen und 40 Gramm Schokolade mit Safran unterziehen. Die Suppe nicht mehr kochen lassen.

Nun die Scampi mit etwas Öl in der Pfanne beidseitig kurz anbraten. Vom Herd nehmen, die Scampi mit dem Rest der Schokolade glasieren und mit dem Pernot abschmecken.

Die Suppe in Teller schöpfen, mit der geschlagenen Sahne und den Scampi garnieren und sofort servieren. Nach Belieben mit etwas gemörsertem Safran bestreuen. Dazu schmeckt geröstetes Weißbrot.

Weintipp: Klassisch passt ein Weißer Burgunder exzellent dazu. Ob Weißburgunder oder Chardonnay aus dem Ursprungsland oder aus Deutschland – sie haben alle Schmelz, Kraft und Eleganz.

Salate & Beilagen

Warum sollte man nicht auch einen Salat mit Schokolade verfeinern können? Die elegante Würze Schokolade verleiht sahnigen Dressings und Vinaigrettes ein intensives Aroma, das zu fast allen Salaten hervorragend passt. Gemüse harmoniert besonders gut mit dunklen und auch Milchschokoladen. Würzt man klassische Beilagen wie Polenta oder Nudeln mit Schokolade, lassen diese auch altbekannte Gerichte in einem ganz neuen Licht strahlen.

Schokoladiger Frühlingssalat mit Spargel

Schokoladensenf und -salz verleihen dem Dressing ein feines Schokoladenaroma, das noch verstärkt werden kann, indem man geraspelte Schokolade oder Kakao-Nibs über den Salat streut.

Zubereitung: 30 Minuten
Für 4 Personen

Zutaten

je 16 Stangen weißer und grüner Spargel
Butter | Salz | Zucker
4 Handvoll gemischter Blattsalat (beispielsweise Radicchio, Eichblatt, Frisée, Rucola, Lollo Rosso)
2 mittelgroße, mehlig-kochende Kartoffeln
Öl zum Frittieren

Für die Vinaigrette

50 – 60 g Schokoladensenf
80 – 100 ml Winzersekt
1 – 2 EL Sherryessig
2 EL Sonnenblumenöl
2 Schalotten, fein gewürfelt
1 Bund Schnittlauch, in Röllchen geschnitten
Schokoladensalz
Pfeffer, frisch gemahlen
Zucker
frischer Kerbel oder Petersilie, zum Garnieren

▌ Die Spargelstangen schälen, die weißen ganz, von den grünen nur das untere Drittel. In einem Topf Wasser aufkochen lassen. Etwas Butter, Salz und eine Prise Zucker hineingeben und die Stangen darin etwa 8 Minuten kochen.

▌ Die Stangen herausheben und auf ein Tuch legen. Die Spitzen etwa acht Zentimeter lang abschneiden und lauwarm auf vier Tellern anrichten.

▌ Die Blattsalate waschen und als Bukett zu dem Spargel arrangieren.

▌ Für die Vinaigrette den Schokoladensenf, den Sekt, den Essig und das Öl verschlagen. Die fein gewürfelten Schalotten und den Schnittlauch unterrühren und die Salatsauce mit Schokoladensalz, Pfeffer und etwas Zucker abschmecken.

▌ Die Kartoffeln schälen und erst in dünne Scheiben, dann in feine Streifen schneiden. Öl zum Frittieren erhitzen und die Kartoffelstreifen im Fettbad zu Kartoffelstroh ausbacken. Aus dem Öl heben und auf einem Tuch oder Küchenpapier entfetten.

▌ Den Spargel und das Salatbukett mit der Vinaigrette überziehen. Jede Portion mit etwas Kartoffelstroh und Kerbel oder Petersilie garnieren und servieren.

Variante: Wer den Salat etwas gehaltvoller mag, kann zusätzlich Putenbrust dazugeben. Dafür, nachdem das Kartoffelstroh gebacken wurde, 400 Gramm Putenbrust in Streifen schneiden, mit Schokoladensalz, frisch gemahlenem Pfeffer und Zucker würzen und in 50 Milliliter Öl anbraten. Das noch warme Fleisch auf dem Spargel anrichten. Den Salat mit Kartoffelstroh und Kerbel garnieren und servieren.

Herzhafter Orangen-Rotkohl-Salat

Zubereitung: 40 Minuten
Für 4 Personen

Zutaten

2 unbehandelte Orangen
350 g Rotkohl | 250 g Karotten
50 g Sultaninen
150 g Mayonnaise
3 EL fein gehackte gemischte Nüsse
1 EL alter Balsamicoessig
15 g Milchschokolade, fein gehackt
15 g edelherbe Schokolade
(70 % Kakao), fein gehackt
Salz
schwarzer Pfeffer, frisch gemahlen

▊ Von einer Orange die Schale abreiben und beiseitestellen. Von der zweiten Orange die Schale in Zesten abziehen und beiseitestellen. Beide Orangen mit einem scharfen Messer mitsamt der weißen Innenhaut schälen und filetieren. Vier Orangenfilets beiseitelegen, die anderen Filets in je drei Stücke schneiden.

▊ Den Rotkohl in feine Streifen schneiden, die Karotten reiben und beides mit den Sultaninen in eine Salatschüssel geben, zwei Drittel der Orangenstücke vorsichtig unterheben.

▊ Die Mayonnaise mit der abgeriebenen Orangenschale, den Nüssen, dem Essig und beiden Schokoladen verrühren; zum Salat geben und diesen mit Salz und Pfeffer würzen. Gut durchheben, bis alle Zutaten mit Mayonnaise überzogen sind.

▊ Den Salat mit den restlichen Orangenstücken und -filets sowie den Zesten garnieren und sofort servieren (siehe Foto).

Weintipp: Muskateller duftet und schmeckt oft wie ein Korb reifer Orangen. Mit einem feinherben oder trocken ausgebauten Muskateller zum Orangensalat versetzen Sie so manchen ins Staunen.

Schokoladenmaultäschle mit Ziegenfrischkäse

Zubereitung: 1 Stunde + 1 Stunde ruhen
Für 6 Personen

Zutaten

150 g Mehl | 50 g Kakao
2 Eier | Salz | 1 Eiweiß

Für die Füllung

150 g Mangold | 150 g Ziegenfrisch-
käse | 50 g Parmesan, frisch gerieben
10 g dunkle Schokolade aus Uganda
(85 % Kakao), gehackt
20 g Milchschokolade Rio Huimbi aus
Ecuador (42 % Kakao), gehackt 25 g
getrocknete Aprikosen, fein gewürfel
15 g Pinienkerne, geröstet und grob
gehackt | 1 Eigelb | Schokoladensalz
Pfeffer, frisch gemahlen | 1 Prise Mus-
katnuss | Butter zum Servieren

▊ Mehl und Kakao in eine Schüssel sieben und eine Mulde hineindrücken. Beide Eier aufschlagen und mit einer Prise Salz in die Mulde geben. Alles zu einem elastischen Teig verkneten, eventuell etwas Wasser hinzufügen. Den Teig in Frischhaltefolie 1 Stunde im Kühlschrank ruhen lassen.

▊ Die Mangoldblätter vom Strunk befreien. 1–2 Minuten in sprudelnd kochendem Wasser blanchieren und sofort in Eiswasser abschrecken. In ein Sieb geben, abtropfen lassen und gut ausdrücken. Dann grob hacken, mit den restlichen Zutaten für die Füllung sorgfältig vermischen und mit Schokoladensalz, Pfeffer und Muskatnuss würzen.

▊ Den Teig 1,5 Millimeter dünn ausrollen und in zehn Zentimeter große Quadrate schneiden. Die Ränder mit Eiweiß einpinseln. Auf jedes Quadrat mittig ein bis zwei Teelöffel Füllung geben. Die Maultaschen zusammenklappen und die Ränder mit den Fingern gut zusammendrücken.

▊ In einem großen Topf leicht gesalzenes Wasser zum Kochen bringen und die Maultaschen darin etwa 2 Minuten kochen. Aus dem Wasser heben, kurz abtropfen lassen und mit etwas Butter beträufelt servieren.

Joghurtdressing

Zubereitung: 30 Minuten
Kühlen: 4 Stunden
Für 10 Personen

Zutaten

80 ml Pflanzenöl
500 g Zwiebeln, grob gewürfelt
1 Knoblauchzehe, gehackt
1 l Kalbs-, Hühner- oder Rinderbrühe
ohne Fettaugen
500 g gekochte Kartoffeln, grob gewürfelt
200 g Naturjoghurt | 200 ml Essig
Salz | Pfeffer, frisch gemahlen | Zucker
30 g weiße Schokolade, fein gerieben

▌Das Öl in einem Topf erhitzen. Die Zwiebeln und
den Knoblauch darin farblos anschwitzen. Die
Brühe angießen und leicht köcheln lassen, bis
die Zwiebeln weich sind.

▌Die Kartoffeln dazugeben, alles kurz aufkochen
und dann abkühlen lassen. Mit dem Stabmixer
pürieren, Joghurt und Essig hinzufügen und nochmals kräftig mixen.

▌Das Dressing mit Salz, Pfeffer, Zucker und der
Schokolade abschmecken und für etwa 4 Stunden in den Kühlschrank stellen. Vor dem Verwenden erneut durchrühren und, falls nötig, mit
Joghurt oder etwas Milch verdünnen. Es sollte
leicht cremig sein.

Varianten: Das Dressing kann auch mit anderen
Schokoladen, Essig- und Ölsorten zubereitet werden. Wer mag, kann zusätzlich Kräuter, Schokoladensenf oder Pfefferkörner hineingeben.

Schokoladiges Champagnerdressing

Zubereitung: 10 Minuten
Für 4 Personen

Zutaten

2 EL Traubenkernöl
4 EL Olivenöl | 1 EL Distelöl
2 EL Weißwein- oder Champagneressig
3 EL Champagner oder Winzersekt
20 – 30 g weiße Schokolade, geraspelt
Meersalz | weißer Pfeffer, frisch gemahlen
Zucker

▌Öl, Essig, Champagner und Schokolade mit dem
Stabmixer zu einem homogenen Dressing vermischen und mit etwas Meersalz, Pfeffer und Zucker
abschmecken. Das Dressing passt hervorragend
zu Feldsalat oder Rucola, aber auch zu anderen
kräftig schmeckenden Blattsalaten.

Sherry-Walnuss-Dressing

Zubereitung: 15 Minuten
Für 10 Personen

Zutaten

50 g edelherbe Schokolade aus Mexiko
(70 % Kakao), gehackt
300 ml kalte Rinder- oder Gemüsebrühe
160 ml Sherryessig
200 ml Sherry Medium | 200 ml Walnussöl
Schokoladensalz | Zucker

▌ Die Schokolade in der Brühe in einem Topf bei
mittlerer Temperatur schmelzen, aber nicht
kochen lassen. Kurz abkühlen lassen und dann
mit dem Essig, Sherry und Öl sowie einem kleinen
Esslöffel Schokoladensalz und einem Esslöffel
Zucker in ein hohes Gefäß geben. Mit dem Stabmixer kräftig vermischen und abschmecken. Das
Dressing eignet sich sehr gut für Blatt- und Kräu-
tersalate.

Biskuit-Schöberl mit Schokolade

Zubereitung: 25 Minuten
Für 6 – 8 Personen

Zutaten

5 Eier | 100 g Mehl, gesiebt
50 g edelherbe Schokolade (70 % Kakao)
½ TL Schokoladensalz
½ TL Kakao-Nibs

▌ Den Backofen auf 160 °C vorheizen.

▌ Die Eier trennen. Das Eiweiß zu festem Schnee
schlagen. Das Eigelb schaumig rühren und mit
dem Mehl und der Schokolade vorsichtig unter
den Eischnee heben, mit Schokoladensalz und
Kakao-Nibs würzen.

▌ Ein Backblech fetten oder mit Backpapier auslegen. Den Biskuitteig zentimeterdick darauf verstreichen und etwa 10 Minuten backen. Dann stürzen, abkühlen lassen und in Rauten schneiden.

Tipp: Man kann zusätzlich feine Schinken-,
Lauch- oder Gemüsewürfel oder Kräuter unter
den Teig heben. Die Schöberl schmecken als
Suppeneinlage oder als Croûtons auf einem
Salat.

Apfel-Sherry-Dressing

Zubereitung: 5 Minuten
Für 4 Personen

Zutaten

2 EL Sherryessig | 4 EL Apfelsaft
2 EL Distelöl oder Olivenöl
Schokoladensalz | Pfeffer, frisch gemahlen
¼ Apfel, fein gewürfelt, als Einlage

▌ Essig, Saft und Öl miteinander verschlagen und
mit Schokoladensalz und Pfeffer würzen. Zum
Schluss die Apfelwürfel unterziehen.

Geflügelsalat mit Curry-Schoko-Dip

Die weiße Schokolade verleiht dem Dip seine Cremigkeit und ein exotisches Aroma.

Zubereitung: 45 Minuten
Abkühlen: 1 Stunde
Für 4 Personen

Zutaten

6 Hühnerbrustfilets
Salz | schwarzer Pfeffer, frisch gemahlen
600 ml Hühnerbrühe
150 ml trockener Weißwein | Olivenöl
2 rote Paprikaschoten | 4 kleine Zucchini
35 g weiße Schokolade, gehackt
2 TL gelbe Currypaste | 250 g Mayonnaise
1 kleine Honigmelone | 1 kleiner Kopfsalat
2 EL fein gehackte Petersilie
Schokoladensalz

▌ Die Hühnerbrustfilets großzügig salzen und pfeffern. Die Brühe und den Wein in eine schwere Pfanne gießen, in die alle Filets nebeneinander hineinpassen. Zum Kochen bringen, das Fleisch einlegen und 5 – 10 Minuten garen, bis es durch ist. Zwischendurch einmal wenden. Die Pfanne vom Herd nehmen und die Filets in der Brühe abkühlen lassen.

▌ Den Backofengrill auf hoher Stufe vorheizen und den Grillrost leicht mit Öl einfetten.

▌ Die Paprikaschoten halbieren und von den Samen und weißen Scheidewänden befreien. Die Hälften mit der Hautseite nach oben auf den Grillrost legen, großzügig mit Öl bestreichen und 10 Minuten grillen, bis die Haut schwarz wird und Blasen wirft. Die Schoten etwas abkühlen lassen, enthäuten und längs in dünne Streifen schneiden.

▌ Die Zucchini in dünne Scheiben schneiden und in kochendem Salzwasser kurz blanchieren, sie sollen bissfest bleiben. Abgießen, sofort unter kaltem Wasser abkühlen und abtropfen lassen.

▌ Die weiße Schokolade im heißen Wasserbad schmelzen. Die Currypaste und die aufgelöste Schokolade unter die Mayonnaise rühren, salzen und pfeffern.

▌ Die Brustfilets aus der Brühe nehmen und abtropfen lassen. Die Brühe anderweitig verwenden. Jedes Filet quer in drei Stücke und dann in feine Streifen schneiden. Die Melone halbieren, von den Kernen befreien, schälen und in zwei Zentimeter große Würfel schneiden.

▌ Auf einer länglichen Servierplatte aus dem Kopfsalat ein Salatbett anrichten. Paprika- und Hühnerstreifen, Zucchinischeiben und Melonenwürfel nebenein-ander darauf anrichten und mit Petersilie bestreuen. Den Curry-Schoko-Dip getrennt dazu reichen.

Weintipp: Paprika und Sauvignon Blanc sind zusammen schon unschlagbar gut, aber in Verbindung mit Honigmelone und Curry werden der Wein und das Gericht noch spannender. Kenner witzeln immer darüber, welcher Sauvignon Blanc – der aus Neuseeland oder der aus der Steiermark – der Bessere ist. Mein Tipp: Probieren Sie mal einen Sauvignon Blanc aus der Pfalz!

Gurken-Schokoladen-Gemüse

Zubereitung: 30 Minuten
Für 4 Personen

Zutaten

2 Salatgurken
1 EL Butter oder Sonnenblumenöl
1 Schalotte, fein gewürfelt
100 g Sauerrahm oder Sahne
30 – 40 g weiße Schokolade,
gehackt | Mehl, nach Belieben
Schokoladensalz
Pfeffer, frisch gemahlen
etwas Dill (ersatzweise Petersilie)

▌ Die Gurken schälen, halbieren und die Kerne mitsamt dem weichen Inneren mit einem Löffel herausschaben. Die halbierten Gurken in Würfel schneiden.

▌ Das Fett in einem Topf erhitzen und die Gurken- und Schalottenwürfel darin bei mäßiger Hitze leicht anbraten. Den Sauerrahm oder die Sahne und die weiße Schokolade zugeben.

▌ Nach Belieben etwas Mehl darüberstauben – höchstens einen Esslöffel – und unterrühren und so das Gemüse etwas binden.

▌ Das Gemüse mit Schokoladensalz, Pfeffer und Dill würzen.

Tipp: Wer mag, kann das Gemüse mit enthäuteten, von den Samen befreiten und gewürfelten Tomaten verfeinern. Anstelle der Gurken lässt sich das Gemüse auch mit Zucchini oder Kürbis zubereiten.

Kokosgemüse

Zubereitung: 40 Minuten
Für 4 Personen

Zutaten

150 g Karotten, in Streifen geschnitten
70 g rote Paprikaschote, gewürfelt
100 g Zuckerschoten, in Streifen
geschnitten |1 Knolle Gemüsefenchel,
gewürfelt | 100 g Ananas, gewürfelt
70 g Physalis, halbiert
Kakaobutter zum Anbraten
½ Cillischote, von den Samen
befreit und gehackt
¼ TL Koriander, im Mörser zerstoßen
30 g Ingwer, fein gewürfelt
1 EL Ananaskonfitüre
3 EL trockener Sherry
500 ml Kokosmilch
25 g Milchschokolade
(38 – 42 % Kakao), gehackt
Schokoladensalz
schwarzer Pfeffer, frisch gemahlen
Sojasauce

▌ Jede Gemüsesorte einzeln in etwas Kakaobutter in einer großen Pfanne anbraten und warm stellen, das Gemüse muss bissfest bleiben. Der Fenchel darf etwas angeröstet werden, die Zuckerschoten sollten nur kurz in der Pfanne geschwenkt werden. Die Ananas anbraten und in einer Schüssel warm stellen, die Physalis nur kurz in der Kakaobutter schwenken.

▌ Erneut etwas Kakaobutter in der Pfanne zerlassen. Zuerst die gehackte Cillischote und dann den zerstoßenen Koriander darin anbraten. Den gewürfelten Ingwer und die Ananaskonfitüre dazugeben, einrühren, kurz aufkochen lassen und mit dem Sherry und der Kokosmilch ablöschen. Alles kräftig aufkochen lassen.

▌ Die gehackte Schokolade einstreuen, schmelzen lassen und die Sauce mit Schokoladensalz, Pfeffer und Sojasauce abschmecken. Kurz vor dem Servieren die Früchte und das Gemüse unterziehen (siehe Foto).

Passt gut dazu: Gut dazu passt Basmatireis. Geben Sie gleich beim Kochen ein paar Fäden guten iranischen Safran in den Reis und ziehen Sie nach dem Garen zusätzlich zwei Rippchen weiße Schokolade unter. Noch einen Teelöffel Butter dazu und der Reis ist perfekt.

Apfelrotkohl

Zubereitung: 1 Stunde 15 Minuten
Marinieren: 30 Minuten
Für 4 Personen

Zutaten

½ Rotkohl | Salz | Zucker
100 ml Apfelsaft | 50 ml Orangensaft
100 ml Rotwein | 40 ml Apfelessig
30 g Gänseschmalz
1 Zwiebel, in Streifen geschnitten
100 g edelherbe Schokolade aus Tansania
(75 % Kakao), in Stücke zerbrochen
200 g Apfelmus | 1 TL Speisestärke

Gewürzbeutel

5 Wacholderbeeren | 2 Lorbeerblätter
1 Knoblauchzehe | 2 Gewürznelken
½ Zimtstange

▌ Den Rotkohl in feine Streifen schneiden und in eine Schüssel geben. Etwas Salz, Zucker, den Apfel- und Orangensaft, den Rotwein und den Apfelessig untermischen und das Kraut etwa ½ Stunde marinieren.

▌ Das Fett in einem großen Topf zerlassen und die Zwiebelstreifen darin farblos anschwitzen. Das marinierte Rotkraut zugeben, den Gewürzbeutel hineinlegen und das Gemüse zugedeckt bei schwacher Hitze etwa 45 Minuten garen. Den Gewürzbeutel entfernen, die Schokolade untermischen und schmelzen lassen. Den Rotkohl weitere 15 Minuten garen.

▌ Das Gemüse mit Apfelmus abschmecken. Für eine leichte Bindung die Speisestärke in wenig Wasser auflösen und unter den Rotkohl rühren.

Gut zu wissen: Lagenschokolade aus Tansania ist sehr fruchtig mit guter Säure und einer leichten Bitternote, welche zum Rotkohl sehr gut passt. Als weiteren Pluspunkt bringt sie Sämigkeit ins Kraut.

Linsengemüse

Zubereitung: 40 Minuten
Einweichen: 12 Stunden
Für 4 Personen

Zutaten

40 g rote Linsen | 40 g grüne Linsen
(Puy-Linsen) | 40 g Berglinsen aus Umbrien
(feine braune Linsen) | 2 EL Öl oder Kakao-
butter | 60 g Zwiebel, fein gewürfelt
100 g Schinkenspeck, gewürfelt
1 Msp. zerdrückter Knoblauch
250 g gemischte feine Gemüsewürfel (gerne
tiefgekühlt) | 60 – 80 ml Brühe oder Tafelwein
(möglichst Riesling) | 150 ml Sahne | Schokola-
densalz | 40 g Milchschokolade aus Java
(38 % Kakao), gehackt | 2 EL Sherryessig
Kräuter (Schnittlauch, Petersilie, Kerbel,
Estragon), gehackt

▌ Die Linsen nach Sorten getrennt für 12 Stunden einweichen. Dann in ein Sieb geben und unter fließendem kaltem Wasser abspülen.

▌ Das Öl oder die Kakaobutter in einem Topf bei schwacher Mittelhitze zerlassen. Die Zwiebel- und Schinkenwürfel sowie den Knoblauch darin kurz anschwitzen. Die grünen und braunen Linsen und die Gemüsewürfel untermischen, mit Brühe oder Wein ablöschen und bei mäßiger Hitze kurz ein-kochen lassen. Die Hälfte der Sahne angießen, mit Schokoladensalz würzen und sämig einko-chen lassen.

▌ Die roten Linsen und Milchschokolade dazugeben und alles erneut kurz aufwallen lassen. Die Linsen mit Essig und Schokoladensalz abschmecken, vom Herd nehmen und etwas quellen lassen. Während-dessen die restliche Sahne leicht schlagen.

▌ Wenn das Gemüse auf etwa 55 °C abgekühlt ist, die Sahne und die Kräuter unterziehen (siehe Foto).

Preiselbeer-Schoko-Tartelettes

Zubereitung: 1 Stunde 15 Minuten

Kühlen: 30 Minuten

Für 4 Personen

Zutaten

Für den Teig

150 g Butter, plus Butter für die Formen

30 g Zucker | 1 Prise Salz | 1 Ei

250 g Mehl, gesiebt, plus Mehl

zum Bestauben

20 g Kakao

Für die Füllung

75 ml Sahne | ½ Vanilleschote

75 g Milchschokolade (38 % Kakao)

75 g edelherbe Schokolade (70 % Kakao)

2 Eier, verquirlt | 1 EL Rohrzucker

8 TL Preiselbeeren (aus dem Glas)

Für den Teig Butter, Zucker, Salz und das Ei verrühren. Mehl und Kakao hinzufügen und alles rasch zu einem Mürbeteig verkneten. Diesen mindestens ½ Stunde im Kühlschrank ruhen lassen.

Den Backofen auf 170 °C Umluft vorheizen. Die Arbeitsfläche mit Mehl bestauben und den Teig etwa drei Millimeter dünn ausrollen. Acht Kreise von 6,5 Zentimeter Durchmesser ausstechen. Acht Tarteförmchen buttern, mit dem Teig auskleiden, mit Backpapier auslegen, getrocknete Erbsen hineingeben und 4 – 5 Minuten im Ofen blindbacken. Papier und Erbsen entfernen und die Böden in 4 – 8 Minuten goldgelb backen.

Die Sahne in einem Topf erhitzen, aber nicht aufkochen. Die Vanilleschote längs spalten, das Mark herauskratzen und mit der Schote in die Sahne geben. Die Schokoladen hacken und in der Sahne auflösen. Die Eier unterziehen. Die Vanilleschote entfernen, die Schokoladenmasse in die Förmchen geben und 20 – 25 Minuten backen. Aus dem Ofen nehmen, mit dem Rohrzucker bestreuen und mit dem Bunsenbrenner karamellisieren. Auf jede Tarte einen Teelöffel Preiselbeeren setzen (siehe Foto).

Schokoladenspätzle

Zubereitung: 45 Minuten

Für 4 Personen

Zutaten

350 g Mehl Type 405

50 g Kakao, stark entölt, oder 50 g

Schokolade (85 % Kakao), geschmolzen

Salz

4 Eier

1 TL Butter

Mehl, Kakao oder Schokolade, einen Teelöffel Salz und die Eier in einer Schüssel verrühren. 270 Milliliter raumtemperiertes Wasser (etwa 22 °C) langsam einrühren, bis ein leicht zäher Teig entsteht, falls nötig, etwas mehr Wasser zugeben. Den Teig schlagen, bis er Blasen wirft. In einem großen Topf etwa zwei Liter Wasser sprudelnd aufkochen. Eine kräftige Prise Salz und die Butter in das Wasser geben.

Den Teig in den Spätzlehobel oder die -presse füllen und ins kochende Wasser geben. Kurz aufkochen lassen. Die Spätzle, sobald sie nach oben steigen, mit dem Schaumlöffel herausheben, in eine Schüssel mit kaltem Wasser geben und sofort wieder herausnehmen. Zum Warmhalten in den warmen Backofen stellen. Diesen Vorgang wiederholen, bis der Teig aufgebraucht ist.

Schokoladenpolenta

Zubereitung: 25 Minuten
Für 4 Personen

Zutaten

700 ml Gemüsebrühe
300 ml Milch
250 g Maisgrieß (Polenta)
2 EL Kakao-Nibs
1 kräftige Prise Salz
40 g Butter
75 g Parmesan, frisch gerieben

Die Gemüsebrühe mit der Milch in einen Topf geben und aufkochen. Den Maisgrieß unter Rühren einrieseln und bei schwacher Hitze köcheln lassen. Dabei beständig am Topfboden rühren, da die Polenta leicht anbrennt. Nach etwa 10 Minuten ist sie dick eingekocht. Nun die Kakao-Nibs, Salz, die Butter sowie den Parmesan sorgfältig unterrühren.

Ein Blech mit Öl fetten und mit Frischhaltefolie auslegen. Die Polenta auf das Blech streichen und auskühlen lassen. Die kalte Polenta in Rauten schneiden und in Kakaobutter anbraten.

Schokopüree

Zubereitung: 50 Minuten
Für 6 Personen

Zutaten

1 kg mehlig-kochende Kartoffeln
200 ml Sahne
100 ml Milch
50 g Kakao
Salz
Muskatnuss oder Muskatblüte,
frisch gerieben
80 g sehr weiche Butter
1 EL Kakao-Nibs

Die Kartoffeln gründlich waschen und in reichlich Salzwasser in 20–25 Minuten weich kochen. Die gegarten Kartoffeln abgießen, noch heiß pellen und in einer Schüssel mit dem Kartoffelstampfer oder mit der Kartoffelpresse zerdrücken.

Die Sahne und die Milch erwärmen, den Kakao unterrühren, salzen und mit Muskatnuss oder -blüte würzen. Die heiße Flüssigkeit unter die Kartoffeln rühren. Zum Schluss die weiche Butter mit den Kakao-Nibs unter das Püree ziehen und dieses sofort servieren.

Tipp: Wer die braune Farbe des Pürees nicht mag, kann auf den Kakao verzichten. Die Kakao-Nibs liefern ebenfalls Geschmack, ohne zu färben.

Kakaognocchi

Zubereitung: 1 Stunde 15 Minuten
Für 6 Personen

Zutaten

800 g mehlig-kochende Kartoffeln
1 EL Butter
Schokoladensalz
2 Eier
100 g Mehl Type 550
30 g Kakao, stark entölt
2 EL Kakao-Nibs

▌ Die Kartoffeln waschen, in einem Topf mit Wasser bedecken und weich kochen. Die noch heißen Kartoffeln pellen und durch die Kartoffelpresse drücken oder zerstampfen.

▌ Die Butter zerlassen und unter die Kartoffeln rühren. Das Kartoffelpüree mit Schokoladensalz würzen und unter Rühren bei schwacher Hitze etwas trocknen lassen.

▌ Das Püree in eine Schüssel füllen. Die Eier hinzufügen und mit dem Mehl, dem Kakao und den Kakao-Nibs zu einem geschmeidigen Teig verkneten.

▌ Die saubere Arbeitsfläche mit etwas Mehl bestauben. Die Kartoffelmasse darauf zu einer fingerdicken Rolle formen, in etwa zwei Zentimeter lange Stücke schneiden und in der Hand leicht rund formen. Diese Kartoffelkugeln mit einer Gabel flach drücken. In einem großen Topf Wasser zum Kochen bringen und kräftig salzen. Die Gnocchi hineingeben, aufkochen lassen und dann bei mittlerer Hitze etwa 5 Minuten ziehen lassen.

Tipp: Ausgesprochen köstlich sind die Gnocchi, wenn man sie leicht anbrät.

Schokoladen-Pfeffernudeln

Zubereitung: 45 Minuten
Kühlen: 1 Stunde
Für 4 Personen

Zutaten

10 g bunte Pfefferkörner
300 g Mehl
½ TL Schokoladensalz
40 g edelherbe Schokolade
(70 % Kakao)
3 Eier

▌ Den Pfeffer im Mörser zerstoßen. Pfeffer, Mehl und Schokoladensalz mischen.

▌ Die Schokolade hacken und im heißen Wasserbad auflösen. Die Eier zugeben und die Mehlmischung unterheben. Etwa 5 Minuten mit der Küchenmaschine gründlich kneten. Den Teig zugedeckt für 1 Stunde in den Kühlschrank stellen.

▌ Den Teig leicht mit Mehl bestauben und in vier Portionen teilen. Jede Portion so oft durch die glatten Walzen der Nudelmaschine drehen, bis ein elastisches dünnes Band entsteht; dabei immer wieder mit Mehl bestauben und den Walzenabstand allmählich enger stellen.

▌ Die Teigbänder kurz antrocknen lassen und mit den geriffelten Schneidewalzen für Bandnudeln zerteilen. Die Nudeln in kochendem Salzwasser in 5 – 7 Minuten al dente garen. Abgießen, kurz abtropfen lassen und servieren (siehe Foto).

Tipp: Die Schokoladennudeln können wie helle Bandnudeln zu einem Gericht serviert werden, aber sind auch pur mit Olivenöl, frisch geriebenem Parmesan und einem Tropfen Trüffelöl eine Delikatesse.

Fisch & Meeresfrüchte

Wer hätte das gedacht? Fisch und Meeresfrüchte vertragen sich mit Schokolade. Doch nicht nur das: Es ist fast ein Muss, diese beiden zu kombinieren. Insbesondere weiße Schokoladen passen unglaublich gut zu Krustentieren aller Art. Zarte dunkle Schokoladen verfeinern ebenso wie Milchschokoladen gebratenen Fisch. Braten Sie diesen am besten sanft mit Kakaobutter – sie unterstützt den Eigengeschmack.

Crostini mit Avocado-Ananas-Creme und Schokogarnelen

Die weiße Schokolade intensiviert den Eigengeschmack der Avocado und verleiht der Sauce ein feines Kakaoaroma sowie dezente Süße.

Zubereitung: 35 Minuten
Für 4 Personen

Zutaten

1 große oder 2 kleine Avocados
(etwa 150 g Fruchtfleisch)
30 g Crème fraîche | 3 TL Zitronensaft
40 g Fruchtfleisch von 1 Babyananas
40 g Zwiebel | 2 Knoblauchzehen | Olivenöl
¼ Cillischote, fein gehackt | 3 EL Sahne
60 g weiße Schokolade, gehackt
Schokoladensalz | schwarzer Pfeffer, frisch
gemahlen | ¼ TL Mumbai-Curry | 1 Baguette
10 g Kakaobutter | 16 Garnelen mit Schwanz-
stück | Meersalz | 2 Vanilleschoten
30 ml halbtrockener Weißwein
1 TL Zitronensaft
Kerbel oder Petersilie zum Garnieren

▌ Die Avocado halbieren, den Kern entfernen, das Fruchtfleisch aus der Schale lösen und in eine Schüssel geben. Crème fraîche und Zitronensaft hinzufügen und alles mit dem Stabmixer fein pürieren.

▌ Das Ananasfruchtfleisch in kleine Würfel schneiden. Die Zwiebel und eine Knoblauchzehe ebenfalls fein würfeln. Etwas Öl in einer Pfanne erhitzen und die Zwiebel und den Knoblauch darin glasig anschwitzen. Beides mit dem Schaumlöffel aus der Pfanne nehmen und beiseitestellen.

▌ Die Ananas in der Pfanne anbraten und die gehackte Cillischote hinzufügen. Zwiebel und Knoblauch sowie die Hälfte der Sahne und 40 Gramm gehackte Schokolade dazugeben und erwärmen, bis die Schokolade geschmolzen ist. Etwas abkühlen lassen und unter die Avocadocreme ziehen. Mit Schokoladensalz, Pfeffer und dem Currypulver würzen.

▌ Das Baguette schräg in 16 fingerdicke Scheiben schneiden, mit Olivenöl beträufeln und unter dem Backofengrill beidseitig anrösten. Eine Knoblauchzehe halbieren und die Crostini damit einreiben.

▌ Die Kakaobutter in der Pfanne zerlassen und die Garnelen darin beidseitig kurz anbraten, salzen und pfeffern und aus der Pfanne nehmen. Die Vanilleschoten längs aufschlitzen, das Mark herauskratzen, mit den Schoten in die Pfanne geben und durchschwenken. Mit dem Wein, der restlichen Sahne und dem Zitronensaft ablöschen und die übrige Schokolade unterziehen.

▌ Auf jeden Teller vier Crostini legen und mit der Avocadocreme fingerdick bestreichen. Jeweils eine Garnele auflegen und etwas Sauce darüberträufeln. Mit etwas Kerbel oder Petersilie garnieren und servieren.

Weintipp: Viele Rieslinge riechen und schmecken wie Ananas pur! In Verbindung mit Schokolade und Vanille können Sie durchaus zu einem Riesling mit Restsüße greifen. Gerade diejenigen von Mosel und Rheingau schmecken trotz der Süße fast trocken, weil sie eine kräftigere Säurestruktur mitbringen.

Thunfisch-Sashimi im Sesammantel

Kakao und Schokoladensalz geben dem Klassiker aus dem fernen Osten einen ganz neuen Touch.

Zubereitung: 45 Minuten
Marinieren: 3 Stunden
Für 4 Personen

Zutaten

3 Thunfischsteaks (2 – 2,5 cm dick)
Schokoladensalz
Pondicherrypfeffer, frisch gemahlen
Sesam
25 g Kakaobutter

Für die Marinade

2 EL geröstetes Sesamöl
2 EL flüssiger Blütenhonig
1 TL Zitronensaft
4 EL Sojasauce
¼ TL Kakao
¼ TL Szechuanpfeffer, im Mörser zerstoßen
1 TL Ingwer, frisch gerieben

▎ Für die Thunfischmarinade das Sesamöl, den Blütenhonig, den Zitronensaft, die Sojasauce, den Kakao und den Szechuanpfeffer mit dem geriebenen Ingwer sorgfältig verrühren.

▎ Die Thunfischsteaks in Würfel schneiden und in eine ausreichend große Schale nebeneinander legen. Die Marinade darübergießen und die Schale für 3 Stunden in den Kühlschrank stellen. Die Fischwürfel während des Marinierens immer wieder wenden.

▎ Den marinierten Thunfisch aus dem Kühlschrank nehmen und Raumtemperatur annehmen lassen. Anschließend aus der Marinade nehmen und mit Schokoladensalz und Pondicherrypfeffer einseitig würzen und mit Sesam bestreuen. Die Würfel wenden und von der anderen Seite ebenfalls würzen und mit Sesam panieren.

▎ Die Kakaobutter in einer Pfanne erhitzen und den Thunfisch von jeder Seite etwa 45 Sekunden anbraten, sodass der Sesam etwas Farbe annimmt. Sofort aus der Pfanne nehmen und auf warme Teller legen. Der Fisch sollte innen noch leicht glasig sein.

Passt gut dazu: Perfekt dazu ist das Kokosgemüse von Seite 40. Dann die verbliebene Marinade unter die Kokossauce rühren.

Weintipp: Zu leicht rohem Fisch mit Sojasauce ist grundsätzlich ein leichter Rotwein die beste Wahl: Großartig sind ein Schwarzriesling, Portugieser oder auch ein fruchtiger Spätburgunder, zum Beispiel aus Württemberg.
Denjenigen, die leichten Rotweinen nicht so viel abgewinnen können, rate ich zu einem fruchtigen Rosé. In Südafrika und Kalifornien bringen die oft sehr farbintensiven Roséweine viele fruchtige Aromen mit.

Schollenröllchen in Schokoladensenf-Sauce

Im Schokoladensenf verbindet sich der Geschmack von dunkler Schokolade vortrefflich mit den Senfaromen und lässt so die klassische Senfsauce in einem ganz neuen Licht erscheinen.

Zubereitung: 35 Minuten
Für 4 Personen

Zutaten

750 g Schollenfilet (etwa 12 Filets),
küchenfertig vorbereitet | ½ EL Zitronensaft
Salz | weißer Pfeffer, frisch gemahlen
1 EL Butter für die Form | 1 EL Öl
1 kleine Zwiebel, fein gewürfelt
3 EL Schokoladensenf | 250 ml Sahne
125 ml Weißwein | 1 Bund gemischte Kräuter
(beispielsweise Dill, Kerbel, Petersilie)

Die Schollenfilets mit dem Zitronensaft beträufeln sowie salzen und pfeffern. Eine Auflaufform buttern. Die Filets aufrollen und möglichst eng nebeneinander in die gebutterte Form setzen. Den Backofen auf 180 °C vorheizen.

In einem kleinen Topf das Öl erhitzen und die Zwiebelwürfel darin glasig anschwitzen. Den Schokoladensenf, die Sahne und den Weißwein zufügen, die Sauce kräftig durchrühren und 10 Minuten im geöffneten Topf leise köcheln lassen. Danach mit Salz und Pfeffer abschmecken.

Die Sauce über die vorbereiteten Schollenröllchen gießen. Die Form in den heißen Backofen stellen und den Fisch etwa 10 Minuten garen.

Währenddessen die Kräuter waschen, trocken schütteln und fein hacken. Die Röllchen aus dem Ofen nehmen, mit den Kräutern garnieren und servieren.

Variante: Raffinierter wird das Gericht, wenn Sie die Schollenröllchen füllen. Dafür eine Kartoffelmousse aus zwei gekochten, geschälten und durch die Presse gedrückten Kartoffeln, zwei Eiern, einem Esslöffel Schokoladensenf und einem Esslöffel fein gehackter Essiggurke herstellen und mit Salz, frisch gemahlenem Pfeffer und frisch geriebener Muskatnuss würzen. Zum Schluss noch ein paar gehackte Kräuter wie Dill oder Kerbel unter die Mousse ziehen. Die Masse nicht zu dick auf die Schollenfilets streichen, diese aufrollen und wie oben beschrieben garen.

Tipp: Sollten Sie keinen Schokoladensenf vorrätig haben, können Sie 20 Gramm dunkle Schokolade im heißen Wasserbad auflösen und unter zwei Esslöffel Dijonsenf rühren.

Weintipp: Die Senfsauce ist eine Herausforderung für den Wein. Ein Weißwein – nicht zu fruchtig ausgebaut – passt jedoch erstaunlich gut dazu! Mein Favorit zu diesem Gericht: ein Sémillon aus Südafrika. Die Sémillons wirken recht muskulös, kraftvoll und bringen Aromen wie aus einem Gewürzschrank mit.
Wer sich mit Überseeweinen nicht anfreunden kann, der greift zu einem weißen Bordeaux. Bordeaux werden meist als Cuvée von Sémillon, Sauvignon (meist Gris!) und Muscadelle ausgebaut.

Seezunge mit Holunderblüten-sauce und Gurkensalat

Milchschokolade aus Papua-Neuguinea mit 37 % Kakao hat Anklänge an Karamell, eine feine Kakaonote und schmeckt sehr weich, da sie kaum Gerbstoffe enthält.

Zubereitung: 50 Minuten
Marinieren: 2 Stunden
Für 4 Personen

Zutaten

Für den Gurkensalat

1 Salatgurke | 8 EL fein geschnittener Dill
3 EL Zitronenöl (alternativ die dünn abgeschälte
Schale von 1 unbehandelten Zitrone in Olivenöl
einlegen und mindestens 1 Nacht ziehen lassen)
1 EL Estragonessig
1 EL Lime Juice (von Rose's)
1 TL zerstoßener Kubebenpfeffer

Für die Seezunge

2 EL Haselnussöl | 4 Seezungenfilets à 100 g
4 EL Zitronenöl | Fleur de Sel

Für die Holunderblütensauce

50 ml Sahne | 30 ml Holunderblütensirup
1 EL Speisestärke | 1 EL Pflanzenöl
2 EL fein gehackte Milchschokolade aus
Papua-Neuguinea (37 % Kakao) | Salz

▌ Die Gurke schälen, der Länge nach halbieren, von dem weichen Inneren und den Kernen befreien und mit einem Sparschäler in dünne Streifen schneiden. Dill, Zitronenöl und Essig mit dem Stabmixer pürieren. Den Lime Juice unterrühren, die Marinadeüber die Gurken gießen und diese für 2 Stunden kühl stellen.

▌ Den Backofen auf 80 °C vorheizen. Das Nussöl in einer Pfanne leicht erhitzen und die Seezungenfilets darin etwa 2 Minuten anbraten. Die Filets auf ein Backblech setzen, mit dem Zitronenöl beträufeln, auf beiden Seiten mit Fleur de Sel würzen und im Backofen weitere 5 Minuten ziehen lassen.

▌ Für die Sauce Sahne und Holunderblütensirup in einem kleinen Topf zum Kochen bringen. Die Speisestärke mit etwas Wasser anrühren, unter Rühren in den Topf geben und die Sauce 30 Sekunden kochen lassen. Den Topf vom Herd nehmen, zuerst das Öl und anschließend die Schokolade einrühren, damit eine Emulsion entsteht, und mit einer kräftigen Prise Salz abschmecken. Die Sauce vor dem Servieren mit dem Stabmixer kräftig aufmixen.

▌ Die Seezungenfilets auf vier Teller setzen und mit Holunderblütensauce überziehen. Daneben den Salat anrichten und mit Kubebenpfeffer bestreuen.

Passt gut dazu: Köstlich dazu sind neue Kartoffeln mit ihrem feinen Aroma.

Tipp: Anstelle von Lime Juice kann man zwei Limetten auspressen, den Saft mit einem Teelöffel Zucker verrühren und kurz aufkochen.

Weintipp: Viele Sauvignon Blancs, zum Beispiel aus der Pfalz, riechen und schmecken wie pure Holunderblüten – und dann kommt noch die typische grünliche Note hinzu, die die Dillgurken in dem Gericht unterstreicht.

Seebarsch in Kokosmilch

Zubereitung: 25 Minuten
Für 4 Personen

Zutaten

1 kg Seebarschfilet oder ein
anderer weißfleischiger Fisch
mit festem, nicht öligem Fleisch
Salz
weißer Pfeffer, frisch gemahlen
Kubebenpfeffer, im Mörser zerstoßen
30 g Kakaobutter, zerlassen
400 g Kokosmilch
40 g weiße Schokolade, gehackt
30 g Kokosraspel Koriandergrün
oder Petersilie, fein gehackt

▌ Den Backofen auf 180 °C vorheizen. Den Fisch mit Salz, weißem Pfeffer und etwas Kubebenpfeffer würzen. Mit der Hälfte der Kakaobutter eine flache, feuerfeste Form einfetten, in die der Fisch bequem hineinpasst. Die Filets hineinlegen und mit der restlichen Kakaobutter bestreichen.

▌ Die Kokosmilch in einen Topf gießen, erwärmen und die Schokolade darin auflösen. Die Sauce bei mittlerer Hitze zum Kochen bringen, über den Fisch gießen und die Kokosraspel darüberstreuen.

▌ Den Fisch im Ofen 15 Minuten garen, bis er sich leicht mit einer Gabel zerpflücken lässt. Mit Koriandergrün oder Petersilie bestreuen und servieren (siehe Foto).

Passt gut dazu: Reis oder gebratene Nudeln sind perfekt zu diesem Gericht.

Weintipp: Im Barrique gereifte Chardonnays aus Übersee bringen häufig ein kräftiges Aroma – wie von Kokosnüssen – mit. Spannend fände ich auch einen Silvaner als Spätlese trocken ausgebaut.

Kabeljau in Kakao-Ananassaft

Zubereitung: 40 Minuten
Für 4 Personen

Zutaten

1 kg Kabeljau- oder Seelachsfilet
2 EL Zitronensaft | Salz
schwarzer Pfeffer, frisch gemahlen
1 EL zerlassene Butter, plus Butter
für die Form
1 EL Olivenöl
100 g Champignons, in Scheiben
geschnitten
1 EL gehackte Petersilie
1 Frühlingszwiebel, gehackt
175 ml trockener Weißwein
200 ml Ananassaft
1 EL schwach entölter Kakao

▌ Den Ofen auf 160 °C vorheizen. Den Fisch mit Zitronensaft, Salz und Pfeffer würzen. Eine Auflaufform buttern und den Fisch hineinlegen. Öl und Butter darübergießen, Pilze, Petersilie und Frühlingszwiebel darüberstreuen.

▌ Den Wein und Ananassaft in einem Topf mit dem Kakao verrühren und kurz aufkochen lassen; über den Fisch gießen. Den Fisch im Ofen 15 – 20 Minuten garen, bis er leicht zerfällt.

Passt gut dazu: Reichen Sie dazu Baguette oder Ciabatta zum Auftunken der Sauce.

Gut zu wissen: Schwach entölter Kakao schmeckt weicher und aromatischer und ist nicht so gerbstoffbetont wie stark entölter. Er unterstreicht die Fischaromen, ohne sie zu übertünchen.

Weintipp: Spannend ist hierzu ein fruchtiger Chardonnay, also nicht im Barrique gereift – oder ein Condrieu von der Rhône. Letzterer wird von der Viognier-Traube gewonnen.

Gepfefferter Rotbarsch mit Milchschokolade

Milchschokolade aus Arriba-Kakao (42 % Kakao) schmeckt kräftig nach Kakao, ohne dabei zu süß oder zu kakaolastig zu sein. So überdeckt sie nicht die Fischaromen, mildert dennoch die Schärfe des Pfeffers und trägt zu einer wunderbaren Würze bei.

Zubereitung: 50 Minuten
Für 4 Personen

Zutaten

4 Rotbarschfilets à 175 g
Salz
½ EL schwarze Pfefferkörner (Sarawak)
½ EL roter Pondicherrypfeffer, leicht zerdrückt
150 g Butter
125 ml Weißwein
175 ml Hühner- oder Kalbsbrühe
25 g Mehl
150 ml Sahne
40 g Milchschokolade (42 % Kakao; Arriba-Kakao)
Petersilie, zum Garnieren
grüne Bohnen, blanchiert, zum Garnieren
1 rote Paprikaschote, in feine Streifen geschnitten, zum Garnieren

▌ Die Fischfilets unter kaltem Wasser abspülen und trocken tupfen. Auf beiden Seiten mit Salz einreiben und einseitig mit der Hälfte der beiden Pfeffersorten bestreuen.

▌ 125 Gramm Butter in einer beschichteten Pfanne, in die die Fischfilets nebeneinander hineinpassen, zerlassen. Den Fisch mit der gepfefferten Seite nach unten hineinlegen und die Oberseite mit dem restlichen Pfeffer bestreuen. Die Filets 7 Minuten braten, dabei einmal wenden.Mit einem Bratenheber herausnehmen, auf eine Servierplatte legen und warm stellen

▌ Den Bratensatz in der Pfanne mit Wein und Brühe ablöschen und etwas reduzieren lassen.

▌ Die restliche Butter mit dem Mehl zu einer beurre manié (Mehlbutter) verkneten. Die Sauce in der Pfanne aufkochen und die beurre manié hinzufügen. Die Sauce unter ständigem Rühren eindicken lassen. Sahne und Schokolade hinzufügen und die Sauce unter Rühren noch 1 Minute köcheln lassen.

▌ Den Fisch mit der Sauce anrichten. Mit Petersilie, grünen Bohnen und den Paprikastreifen garnieren und servieren.

Passt gut dazu: Als Beilage zu diesem Gericht empfehlen sich Reis oder Nudeln.

Weintipp: Ein Grüner Veltliner dazu ist nicht zu toppen! Typisch für ihn ist sein »Pfefferl«, also sein typisch pfeffriges Aroma. In Österreich gilt er als die wichtigste weiße Rebsorte. Auch in Deutschland trifft man Grüne Veltliner immer häufiger an – gute kenne ich aus der Pfalz.

Lachsforelle in Schokoladen-Salz-Kruste

Die Schokolade aus Boliviakakao eignet sich sehr gut zum Füllen des Fischs, da der Kakao sehr fruchtig und aromatisch ist und wenig Gerbstoffe besitzt.

Zubereitung: 25 Minuten
Garen: 45 Minuten
Für 4 Personen

Zutaten

1 Lachsforelle (1,5 – 2 kg), küchenfertig vorbereitet
Schokoladensalz | weißer Pfeffer, grob gemahlen
30 g edelherbe Schokolade aus Bolivien (70 % Kakao), gehackt
2 Bund Petersilie
1 Bund Zitronenmelisse
je 1 EL gehackter Rosmarin, Thymian, Schnittlauch, Kerbel und Salbei
abgeriebene Schale von 1 unbehandelten Zitrone
4 – 5 Eiweiß | 150 g Mehl, gesiebt
1,5 – 2 kg feines Meersalz | 3 TL Kakao-Nibs
1 Knoblauchzehe, mit Salz zerstoßen

▌ Die Lachsforelle waschen und trocken tupfen, die Flossen, falls noch vorhanden, mit der Küchenschere abschneiden. Den Fisch innen mit Schokoladensalz, Pfeffer und der gehackten Schokolade würzen.

▌ Die Petersilie und Zitronenmelisse verlesen, waschen und grob hacken und mit den anderen gehackten Kräutern und der Zitronenschale mischen. Den Fisch damit prall füllen.

▌ Das Eiweiß sehr steif schlagen. Mehl, Salz, Kakao-Nibs und die zerstoßene Knoblauchzehe vermengen und vorsichtig unter den Eischnee ziehen. Den Backofen auf 220 °C vorheizen.

▌ Ein Backblech mit einem Stück Alufolie oder Backpapier auslegen. Die Hälfte der Eiweißmasse in der Größe der Lachsforelle auf das Blech streichen. Den Fisch darauflegen und mit der restlichen Masse vollständig bedecken. Die Hände anfeuchten und die Salzmasse glatt streichen, sodass der Fisch rundherum ganz bedeckt ist. Den Fisch in den Backofen schieben und 45 Minuten backen.

▌ Zum Servieren die sehr harte Salzkruste vorsichtig aufschlagen und die Lachsforelle tranchieren.

Passt gut dazu: Hervorragend schmeckt zu dem Fisch ein Blattsalat mit Kräutern, angemacht mit dem schokoladigen Champagnerdressing von Seite 36.

Tipp: Auch andere Salmoniden wie Renke, Saibling und Forelle oder ein ganzer Zander lassen sich gut in der Salzkruste garen.

Weintipp: Schon farblich passend finde ich einen guten Rosé. In den letzten Jahren haben die Roséweine wirklich unglaublich an Attraktivität und Qualität gewonnen. Es werden nur noch ausgesuchte gesunde Trauben verarbeitet, die dann wiederum sehr klare, saubere und fruchtige Weine hervorbringen.

Tagliatelle mit Gorgonzola-Meeresfrüchte-Ragout

Zubereitung: 35 Minuten
Für 4 Personen

Zutaten

Sonnenblumenöl oder Butter
100 g Zwiebel, fein gewürfelt
250 g Kräuterseitlinge, in Streifen
geschnitten | 500 g Schmant
Speisestärke | 1 kg Meeresfrüchte
(tiefgekühlt), in einem Sieb angetaut
100 – 150 g Gorgonzola, gewürfelt
60 g Milchschokolade aus Peru
(37 % Kakao), grob gehackt
Schokoladensalz | Pfeffer, grob
gemahlen | 80 ml trockener Weißwein
1 Bund Frühlingszwiebeln, in Ringe
geschnitten | 250 g Zuckerschoten,
geputzt | 500 g frische Tagliatelle
(oder 400 g getrocknete Tagliatelle)

▨ Etwas Öl oder Butter in einem Topf erhitzen und die Zwiebeln darin kurz anschwitzen. Die Kräuterseitlinge zugeben und kurz anbraten, dann den Schmant hinzufügen. Bei mittlerer Hitze aufkochen lassen und mit in wenig Wasser angerührter Speisestärke sämig binden.

▨ Die angetauten Meeresfrüchte in die Sauce geben und unter Rühren aufkochen lassen. Die Sauce, falls nötig, noch ein wenig andicken, mit dem Gorgonzola und der Schokolade verrühren und mit Schokoladensalz, Pfeffer, Weißwein und den Frühlingszwiebeln abrunden.

▨ Die Zuckerschoten kurz anbraten, salzen und pfeffern. Sie sollten grün und knackig bleiben.

▨ Die Tagliatelle al dente kochen und abgießen. Portionsweise aufrollen und auf Pastatellern anrichten. Das Ragout darüberziehen und mit den Zuckerschoten garnieren (siehe Foto).

Weintipp: Probieren Sie einen Riesling mit Restsüße (beispielsweise aus dem Rheingau) dazu – als feinherb oder Kabinett oder gar Spätlese ausgebaut. Der Riesling bringt die Mineralität, welche mit den Meeresfrüchten verschmilzt, und der Gorgonzola liebt etwas Süße im Wein.

Jacobsmuscheln in weißer Schokoladensauce

Zubereitung: 35 Minuten
Für 4 Personen

Zutaten

12 frische Jakobsmuscheln
100 ml Hummerfond (Fertigprodukt)
30 g Kakaobutter | Schokoladensalz
roter Pondicherrypfeffer | Mehl zum
Bestauben | 125 ml Weißwein
½ Schote Tahitivanille | 200 ml Sahne
80 g weiße Schokolade, gehackt,
plus Schokolade zum Garnieren
1 TL Zitronensaft | 3 Blätter Zitronen-
verbene (fein gehackt; getrocknete
Blätter zu Pulver zerstoßen)

▨ Die Muscheln aufbrechen. Das Fleisch herausnehmen, säubern und trocken tupfen. Den Corail mit etwas Fond pürieren.

▨ Eine Pfanne mit der Kakaobutter vorsichtig erhitzen, das Muschelfleisch salzen und pfeffern, mit Mehl bestauben und von jeder Seite 1 Minute anbraten; warm stellen.

▨ Den Bratensatz mit dem Wein ablöschen und den Fond angießen. Die Vanilleschote längs aufschlitzen, das Mark herauskratzen, mit der Schote in den Fond geben und 5 Minuten köcheln lassen. Die Schote entfernen. Die Sahne und Corailpaste hinzugeben und erneut aufkochen lassen.

▨ Die Schokolade, den Zitronensaft und die Verbene hinzufügen und die Sauce unter Rühren sämig einkochen; abschmecken.

▨ Je einen Saucenspiegel auf vier Teller geben und die Muscheln mittig darauf anrichten. Ein paar Schokoladenspäne darüberhobeln. Mit Toast oder Baguette servieren.

Weintipp: Ein weißer Burgunder aus Rheinhessen oder ein Weißwein von der Rhône sind hierzu sehr spannend.

Scampi mit Fenchel im Schokoladenaroma

Weiße Schokolade passt perfekt zu allen Krustentieren, da sie keine Gerbstoffe oder Bitternoten mitbringt und die feine Kakaonote der Kakaobutter mit ihrer ausgewogenen Süße vortrefflich die Muschel- und Krustentieraromen verbindet.

Zubereitung: 1 Stunde 5 Minuten
Für 4 Personen

Zutaten

16 Scampi mit Schale und Kopf
1 Knolle Gemüsefenchel
100 g Zuckerschoten oder grüner Spargel
½ Zwiebel | 1 Lorbeerblatt
Salz | Pfeffer, frisch gemahlen
150 ml Sahne oder Sauerrahm
Beurre manié (Mehlbutter)
Schokoladensalz
45 g Kakaobutter zum Braten
1 TL Kakao-Nibs
80 g weiße Schokolade, gehackt
ein Schuss Weißwein
½ rote Paprikaschote, gewürfelt
Schnittlauch oder Frühlingszwiebeln,
fein geschnitten, zum Garnieren

▌ Für den Karkassenfond die Scampi schälen, am Rücken einschneiden und den Darm entfernen. Die Schalen mit einem Liter Wasser langsam aufkochen lassen und den entstehenden Schaum abschöpfen.

▌ Den Fenchel vierteln und vom Strunk befreien. Die Zuckerschoten oder den Spargel putzen beziehungsweise schälen. Fenchel und Zucker-schoten beiseitestellen.

▌ Die entstandenen Gemüseabschnitte, die halbe Zwiebel, das Lorbeerblatt und etwas Salz in den Fond geben und etwa 40 Minuten sachte köcheln lassen. Den Fond durch ein Sieb in einen zweiten Topf gießen, erneut aufkochen lassen und um zwei Drittel reduzieren. Dann die Sahne oder den Sauer-rahm zugeben. Die Sauce mit der Mehlbutter leicht sämig binden und mit Schokoladensalz würzen.

▌ Den Fenchel in Streifen schneiden. In einer Pfanne etwas Kakaobutter zerlassen und den Fenchel darin bei mittlerer Hitze langsam anbra-ten; leicht mit Salz würzen und in eine feuerfeste Auflaufform geben.

▌ Die Scampi in der Pfanne mit etwas Kakaobutter sachte anbraten. Kakao-Nibs und Zuckerschoten hinzufügen, kurz anbraten und zum Fenchel geben.

▌ Die gebundene Sauce unterrühren und nochmals aufkochen. Die weiße Schokolade zugeben, das Gericht mit Weißwein, Salz und Pfeffer abschme-cken und die Paprikawürfel zugeben. Erneut kurz durchschwenken, über die Scampis geben und mit Schnittlauch oder Frühlingszwiebeln garnieren.

Passt gut dazu: Vortrefflich passen angebra-tene Kakaognocchi (siehe Seite 48) oder Tagliatelle.

Weintipp: In der spanischen Region Rueda machen sie wunderbare kräuterige, frische Weiß weine aus den Rebsorten Verdejo und Sauvignon Blanc.

Miesmuscheln mit weißer Safranschokolade

Zubereitung: 20 Minuten
Für 4 Personen

Zutaten

1 – 2 EL Butter | 100 g Zwiebel, fein
gewürfelt | 2 Knoblauchzehen, gehackt
300 – 500 g feine Gemüsewürfel oder
-streifen (beispielsweise Karotten,
Sellerie, grüne und rote Paprikaschoten, frisch oder tiefgekühlt)
500 ml trockener Weißwein
50 g weiße Safranschokolade, gehackt
Schokoladensalz
weißer Pfeffer, grob gemahlen
3 kg Bouchot-Muscheln (oder
andere Miesmuscheln), geputzt
und gewaschen | 100 ml Sahne
3 EL fein gehackte Kräuter wie
Petersilie, Estragon, Kerbel (frisch
oder tiefgekühlt)

Etwas Butter in einem großen Topf erhitzen. Zwiebel, Knoblauch und Gemüsewürfel darin kurz anschwitzen, mit dem
Weißwein und etwas Wasser aufgießen und kurz aufkochen
lassen. Den Sud mit der Schokolade, etwas Schokoladensalz und weißem Pfeffer würzen.

Die Muscheln zugeben. Den Deckel auflegen und alles
kräftig aufkochen lassen.

Die Sahne und drei Viertel der Kräuter zu den Muscheln
geben und nochmals zugedeckt aufkochen. Jetzt sollten
sich die Muscheln geöffnet haben. Alles kurz durchrühren,
mit den restlichen Kräutern bestreuen und mit Weiß- oder
kräftigem Holzofenbrot zum Auftunken des Suds servieren
(siehe Foto).

Gut zu wissen: Anstelle der Safranschokolade kann man
auch weiße Schokolade und echte Safranfäden verwenden.

Weintipp: Egal ob Sie einen Weiß- oder Grauburgunder
wählen, mineralisch und mit Rasse sollte er sein. Ein schlan-
ker und lebendiger Auxerrois ähnelt dem Weißburgunder, ist
noch etwas verspielter und blumiger im Bukett.

Scampi in weißer Schokolade

Zubereitung: 30 Minuten
Für 4 Personen

Zutaten

16 große, rohe Scampi, geschält
4 Knoblauchzehen, in feine
Scheiben geschnitten
1 EL Olivenöl
2 Chilischoten, von den Samen befreit
und fein gewürfelt
½ – 1 TL Salz
150 ml Weißwein
250 ml Sahne
100 g weiße Schokolade, grob gehackt
1 EL Hummerpaste

Die Scampi am Rücken einritzen und den Darm heraus-
ziehen. Scampi, Knoblauch, Olivenöl, Chiliwürfel und Salz
vermengen und 2 Stunden marinieren.

Eine große Pfanne erhitzen, die Scampi samt Marinade hineingeben und braten, bis der Knoblauch Farbe angenom-
men hat. Mit dem Wein ablöschen und die Scampi ein paar
Minuten garen, bis sie nicht mehr glasig sind. Die Scampi
herausnehmen und warm halten.

Die Sahne in die Pfanne gießen und aufkochen lassen. Die
Schokolade und die Hummerpaste zufügen und so lange
unter Rühren köcheln lassen, bis die Sauce gebunden ist.
Die Scampi untermischen und nur kurz erwärmen. Sofort
servieren.

Passt gut dazu: Der beste Begleiter ist Basmatireis.

Weintipp: Ein Rosé zu den Scampis lässt sich nicht toppen. Zurzeit kommen sehr charaktervolle, aber dennoch
feine Rosados aus Navarra in Spanien.

Geflügel

Dies ist fast schon eine alte Klamotte – wird doch Geflügel schon seit Jahrhunderten in Mittel- und Südamerika mit Kakao gewürzt. Nur bei uns kam diese geniale Kombination bisher fast in keinem Gericht zum Einsatz. Dabei haben gerade wir in Europa die meisten Variationsmöglichkeiten, denn nur bei uns gibt es mittlerweile solch eine beeindruckende Auswahl an außergewöhnlichen und delikaten Schokoladen – nicht nur – zum Würzen des Geflügels. Sie sollten es unbedingt ausprobieren.

Hähnchen in Rotwein-Schokoladen-Sauce

Eine Rotweinsauce, verfeinert und gebunden mit edelherber Schokolade aus der Dominikanischen Republik, verleiht dem Hähnchen ein unvergleichliches Aroma.

Zubereitung: 1 Stunde 10 Minuten
Für 4 Personen

Zutaten

1 Hähnchen (1,25 kg), küchenfertig vorbereitet | 2 EL Mehl | ½ EL frische Thymianblättchen | Salz | schwarzer Pfeffer, frisch gemahlen | 50 g Frühstücksspeck
2 EL Olivenöl | 4 EL Cognac oder Weinbrand
250 ml Hühnerbrühe (Instant) | 1 Lorbeerblatt
2 Gewürznelken | 8 Schalotten, geschält
125 ml Rotwein | 40 g edelherbe Schokolade aus der Dominikanischen Republik (70 % Kakao), gehackt | 12 kleine Champignons
1 Bund Petersilie, fein gehackt
1 EL Mehl | 15 g Butter

Das Hähnchen in acht Stücke teilen. Das Mehl mit dem Thymian, Salz und Pfeffer vermischen und die Geflügelteile darin wälzen. Den Speck in schmale Streifen schneiden.

Das Olivenöl in einem Schmortopf erhitzen und die Geflügelteile darin von beiden Seiten anbraten. Mit einer Schaumkelle herausheben. Die Speckstreifen im Topf leicht bräunen, auf ein Küchentuch legen.

Das Geflügel wieder in den Topf geben. Den Cognac oder Weinbrand erwärmen, anzünden und über das Hähnchen gießen. Hühnerbrühe, Lorbeerblatt, Nelken und Schalotten zufügen. Alles aufkochen lassen und das Fett von der Brühe abschöpfen. Das Hähnchen zugedeckt bei schwacher Hitze 30 Minuten schmoren lassen.

Den Rotwein in einem kleinen Topf bei starker Hitze auf die Hälfte einkochen lassen. Vom Herd nehmen, die gehackte Schokolade unterrühren und die Sauce über das Hähnchen gießen.

Die Champignons und die Hälfte der Petersilie hinzufügen und alles weitere 5 – 10 Minuten kochen lassen. Nun sollte das Hähnchen schön zart und komplett durchgegart sein.

Das Geflügel auf eine vorgewärmte Platte geben. Das Mehl mit der Butter verkneten und langsam in die Sauce rühren. Die gebundene Sauce abschmecken, über das Fleisch gießen und mit der restlichen Petersilie bestreuen. Die Speckstreifen dazulegen.

Tipp: Mehlbutter eignet sich gut zum Andicken von Saucen, besonders, wenn sie viele große Stücke enthalten.

Weintipp: Ich bin überzeugt, dass Lemberger die Rebe der Zukunft ist. Nur kennt man Lemberger in Deutschland bisher fast nur in Württemberg. Dunkelfarbig mit einem intensiven Duft von Gewürzen und Beeren kommt er daher. Weil er in der Regel sehr kräftig ausfällt, sollten Sie ihm ruhig zwei bis drei Jahre Reife gönnen.

Fruchtiger Hähnchentopf

Hier passt am besten eine milde dunkle Schokolade mit bis zu 70 % Kakao aus Mexiko, Peru oder der Dominikanischen Republik, da Kakaos aus Mittel- und Südamerika die feinsten Frucht- und Aromanoten und wenig Gerbstoffe haben.

Zubereitung: 1 Stunde 30 Minuten
Für 4 Personen

Zutaten

1 kg möglichst kleine Hähnchenbrustfilets
Salz | schwarzer Pfeffer, frisch gemahlen
3 EL Mehl | 100 g durchwachsener Bauchspeck
3 große Zwiebeln | 1 – 2 Knoblauchzehen
1 reife Mango | 2 Bananen
3 EL Olivenöl | 40 g Butter
200 ml Geflügelfond oder Gemüsebrühe
90 ml Rotwein
in feinen Streifen abgezogene Schale von
½ unbehandelten Orange
2 Gewürznelken | 1 EL gewürfelter Ingwer
1 Bouquet garni aus 2 Zweigen Thymian,
4 Stängeln Petersilie, 2 Lorbeerblättern und
4 Blättern Zitronenverbene
Schokoladensalz | 60 g edelherbe Schokolade
(70 % Kakao) | 1 EL gehackte Petersilie

Die Hähnchenbrustfilets nach Belieben ganz lassen oder in große Würfel schneiden, salzen und pfeffern und mit Mehl bestauben.

Den Backofen auf 175 °C vorheizen. Den Speck in einen halben Zentimeter dicke Streifen schneiden. Die Zwiebeln grob hacken, die Knoblauchzehen mit einem großen Messer zerdrücken. Die Mango schälen, das Fruchtfleisch vom Stein schneiden und würfeln. Die Bananen würfeln.

In einem großen Schmortopf die Speckstreifen im Olivenöl knusprig braun braten. Mit einem Schaumlöffel herausnehmen. Anschließend bei schwacher Hitze die Zwiebeln in dem Schmortopf unter ständigem Rühren glasig anschwitzen. Mit einem Schaumlöffel herausnehmen.

Das Fleisch in dem Topf bei mittlerer Hitze rundherum goldbraun anbraten. Die Butter hinzufügen, Mango und Bananen hineingeben und kurz anbraten. Fond oder Brühe und Rotwein angießen.

Speck und Zwiebeln wieder in den Topf geben. Knoblauchzehen, Orangenzesten, Nelken, Ingwer und Bouquet garni hinzufügen. Alles mit Schokoladensalz und schwarzem Pfeffer abschmecken und die gehackte Schokolade unterrühren.

Das Gericht in den Ofen schieben und 35 – 45 Minuten schmoren, bis das Fleisch zart ist. Das Bouquet garni herausnehmen. Fleisch und Früchte auf vier Tellern anrichten und mit der Petersilie bestreuen.

Passt gut dazu: Als Beilage sind Ofenkartoffeln oder *papas arrugadas* perfekt.

Weintipp: Wie erkennt man einen Pinotage aus Südafrika? Ganz klar: an seinem Aroma, das an Bananen erinnert. Der typische Vertreter dieser Rebsorte ist fruchtig, vollmundig, kraftvoll und hat Anklänge an Gewürze – absolut spannend zum Hähnchentopf!

Pollo con mole poblano

Die Zugabe von Kakao-Nibs, denen kein Zucker zugesetzt wurde, entspricht eher der original mexikanischen Variante als die Verwendung von dunkler Schokolade. Alternativ kann man auch eine Schokolade aus 100 Prozent Kakao verwenden.

Zubereitung: 1 Stunde 45 Minuten
Für 4 Personen

Zutaten

6 EL Öl | 220 g Ancho-Chilischoten
100 g Pasilla-Chilischoten | 300 g Mulato-Chilischoten | 300 g Tomaten | 750 g Zwiebeln, grob gehackt | 10 Knoblauchzehen, geschält
30 g Räucherchilischoten (Chipotle)
30 g Butter | 150 g blanchierte Mandeln
100 g Erdnüsse ohne Haut | 8 Gewürznelken
1 TL schwarze Pfefferkörner | 1 TL gemahlener Zimt | ½ TL Anis | 100 g Rosinen
150 g edelherbe Schokolade (85 % Kakao), geraspelt oder Kakao-Nibs, im Mörser fein zerrieben | 4 Hähnchen- oder Putenbrustfilets
Salz | Pfeffer, frisch gemahlen
1 l Hühnerbrühe | 1 EL Zitronensaft
1 EL Sesam, zum Garnieren

❚ In einer großen Pfanne zwei Esslöffel Öl erhitzen. Die Ancho-, Pasilla- und Mulato-Chilischoten darin leicht anbraten. Aus der Pfanne nehmen und in warmem Wasser 30 Minuten einweichen. Das Wasser abgießen und die Schoten im Mixer pürieren.

❚ Die Tomaten enthäuten und in einem Sieb abtropfen lassen. Erneut zwei Esslöffel Öl in der Pfanne erhitzen und Tomaten, Zwiebeln und Knoblauch mit den Chipotle-Chilischoten darin anbraten. Herausnehmen und im Mixer pürieren.

❚ In einer zweiten Pfanne die Butter zerlassen und Mandeln, Erdnüsse, Nelken, Pfefferkörner, Zimt und Anissamen darin leicht anbraten. Zusammen mit den Rosinen in den Mixer geben und ebenfalls pürieren.

❚ Alle pürierten Zutaten in einen hohen Topf geben und unter ständigem Rühren 5 Minuten leicht köcheln lassen. Die Schokolade oder die zerstoßenen Kakao-Nibs unterrühren.

❚ Die Brustfilets salzen und pfeffern. Das restliche Öl in einem Schmortopf erhitzen und das Fleisch darin scharf anbraten. Die Schokoladensauce hinzufügen und die Hälfte der Brühe dazugießen. Die mole 20–30 Minuten ohne Deckel köcheln lassen. Falls sie zu dickflüssig ist, weitere Brühe unterrühren.

❚ Zum Schluss den Zitronensaft hinzufügen und die Sauce abschmecken. Ist sie zu scharf, noch ein wenig Schokolade, Kakao-Nibs oder auch Zucker zufügen. Mit Sesam bestreuen und servieren.

Passt gut dazu: Tacos, Tortillas, Reis oder patatas fritas sind die besten Begleiter.

Gut zu wissen: Die Sauce erst am Ende der Kochzeit abschmecken, da sie durch das Einko chen würziger wird.

Weintipp: Ein Rosé zeigt sich als idealer Part ner. Wenn der Rosé in Deutschland von einer einzigen Rebsorte stammt, kann er auch als Weiß herbst bezeichnet werden.

Mexikanisches Hähnchen mit Schokoladensauce

Zubereitung: 1 Stunde 25 Minuten
Für 4 Personen

Zutaten

2 kleine Hähnchen à 800 g
2 Knoblauchzehen
Salz | Pfeffer, frisch gemahlen
1 große Zwiebel, geschält und
gewürfelt | 1 grüne Paprikaschote
1 grüne Chilischote
30 g Butterschmalz | 1 EL Öl
1 EL Balsamicoessig
750 g passierte Tomaten
30 g edelherbe Schokolade
(80 % Kakao), fein gerieben

▌ Jedes Hähnchen in vier Stücke zerteilen, waschen und abtrocknen. Den Knoblauch schälen und mit einer Prise Salz zu einer Paste zerdrücken. Die Hähnchen damit einreiben und kräftig pfeffern. Paprika- und Chilischote von Kerngehäuse und Scheidewänden befreien, waschen und sehr fein würfeln.

▌ Butterschmalz und Öl in einem großen Bräter erhitzen und die Hähnchenteile darin goldbraun anbraten. Das Fleisch herausnehmen und die Zwiebel in dem Fett glasig schwitzen. Mit dem Balsamicoessig ablöschen. Paprika- und Chiliwürfel mit den Tomaten dazugeben und kurz aufkochen lassen.

▌ Die Schokolade unterrühren und die Sauce mit Salz und Pfeffer würzen. Das Fleisch darin zugedeckt etwa 30 Minuten garen. In der Sauce servieren (siehe Foto).

Passt gut dazu: Servieren Sie dazu eine Tortilla (spanisches Kartoffelomelett), die sie mit Kakao-Nibs bestreuen.

Weintipp: Dazu muss es ein Cabernet Sauvignon sein!

Hähnchenbrust auf Schokoladen-Rahm-Linsen

Einweichen: 12 Stunden
Zubereitung: 25 Minuten
Für 4 Personen

Zutaten

40 g rote Linsen | 40 g grüne Linsen
40 g Berglinsen | 4 EL Öl oder Kakaobutter | 1 Msp. Knoblauch
60 g Zwiebel, gewürfelt | 100 g geräucherter Bauchspeck, gewürfelt
250 g gemischte feine Gemüsewürfel
(frisch oder tiefgekühlt)
60 – 80 ml Riesling | 200 ml Sahne
Schokoladensalz | 30 g Milchschokolade (36 % Kakao) | 1 – 2 EL Sherryessig | Salz Pfeffer, frisch gemahlen
4 Maishähnchenbrüste
(à 175 – 200 g) | Mehl zum Bestauben
3 EL Kakao-Nibs
2 EL gehackte Kräuter
125 ml Kalbsjus

▌ Die Linsen 12 Stunden nach Sorten getrennt einweichen. Dann kalt abspülen.

▌ Zwei Esslöffel Öl oder Kakaobutter erhitzen. Knoblauch, Zwiebel und Speck darin kurz anbraten. Die grünen und braunen Linsen und die Gemüsewürfel hinzufügen. Den Wein angießen und bei mäßiger Hitze etwas einkochen lassen. Mit 150 Milliliter Sahne auffüllen, mit Schokoladensalz würzen und sämig einkochen lassen

▌ Die roten Linsen und die Schokolade unterrühren und alles kurz aufwallen lassen. Mit Essig, Salz und Pfeffer abschmecken und zur Seite stellen.

▌ Den Backofen auf 140 °C vorheizen. Die Geflügelbrüste würzen und mit Mehl bestauben. In einem Schmortopf zwei Esslöffel Öl oder Kakaobutter erhitzen und das Fleisch darin goldbraun anbraten. Mit Kakao-Nibs bestreuen und im Ofen etwa 15 Minuten ziehen lassen.

▌ Das Linsengemüse erneut erwärmen. Die restliche Sahne leicht schlagen und mit der Hälfte der Kräuter unterheben. Das Gemüse auf Tellern oder einer Platte anrichten, mit heißer Kalbsjus beträufeln, die tranchierten Geflügelbrüste darauf anrichten und mit Kräutern garnieren.

Gefüllte Putenbrust

Die Milchschokolade gibt der Füllung eine zarte Textur und eine feine, aromatische Karamell- und Kakaonote, welche das Aroma des Gemüses intensiviert.

Zubereitung: 1 Stunde 30 Minuten
Für 4 Personen

Zutaten

200 g Spinat | 20 g Kakaobutter
2 Frühlingszwiebeln, fein gehackt
100 g Champignons, fein gehackt
1 Knoblauchzehe, zerdrückt
40 g Milchschokolade (36 % Kakao), gehackt
Salz | Pfeffer, frisch gemahlen
600 – 800 g Putenbrustfilet
100 ml trockener Weißwein
je ½ grüne und rote Paprikaschote, von den Samen befreit und fein gewürfelt

Für die Sauce

20 g Speisestärke | 300 ml Magermilch
1 TL schwach entölter Kakao
½ TL Muskatnuss, frisch gerieben

▌ Den Spinat waschen und tropfnass in einen Topf geben. Zudeckt bei mittlerer Hitze in etwa 7 Minuten zusammenfallen lassen. In ein Sieb geben und sorgfältig ausdrücken.

▌ Währenddessen in einer Pfanne die Kakaobutter zerlassen. Frühlingszwiebeln, Champignons und Knoblauch hinzufügen und bei mittlerer Hitze 2 – 3 Minuten braten, bis das Gemüse weich ist; mit dem Spinat in einer Schüssel vermengen. Die gehackte Schokolade unterziehen und schmelzen lassen. Mit Salz und Pfeffer würzen und abkühlen lassen.

▌ Den Backofen auf 140 °C vorheizen. In jede Putenbrust quer eine Tasche schneiden. Diese mit dem Gemüse füllen, zunähen oder mit Zahnstochern verschließen und nebeneinander in einen Bräter legen. Mit Salz und Pfeffer würzen und den Wein darübergießen. Zudecken und im Ofen 35 – 40 Minuten garen.

▌ Die Brüste aus dem Ofen nehmen, auf einen Servierteller legen und Faden oder Holzspießchen entfernen. Das Fleisch zudecken und warm halten. Die Garflüssigkeit aufbewahren.

▌ Für die Sauce die Speisestärke mit zwei bis drei Esslöffeln Milch und dem Kakao zu einer glatten Paste verrühren. Die restliche Milch in einem Topf aufkochen lassen. Vom Herd nehmen und die Stärkepaste unterrühren. Zurück auf den Herd stellen, unter ständigem Rühren aufkochen und 1 – 2 Minuten kochen lassen. Die Garflüssigkeit dazugießen und mit Muskatnuss, Salz und Pfeffer würzen. Die Putenbrüste mit der Sauce überziehen, mit Paprikawürfeln garnieren und servieren.

Passt gut dazu: Servieren Sie zu diesem eher leichten Gericht eine Schüssel Salat und Basmatireis.

Weintipp: Mein Favorit dazu ist ein leichter Weißwein aus Italien: Der Verdicchio aus den Marken kommt sehr schlank und elegant daher und der Trebbiano zeigt sich oft mit einer sehr kräuterigen Art und passt sich gut an. In Deutschland werden die Rivaner leicht und frisch ausgebaut – eine gute Alternative zum italienischen Weißwein.

Ente Bahia
mit Orangenschokolade

Dunkle Schokolade mit ihren feinen Kakaonoten und aromatische Orangenzesten intensivieren den Eigengeschmack des Gerichts.

Zubereitung: 2 Stunden
Für 4 Personen

Zutaten

1 Ente (1,5 kg), küchenfertig vorbereitet
Saft von ½ Zitrone oder Limette | Salz
schwarzer Pfeffer, frisch gemahlen
250 ml Orangensaft, frisch gepresst
abgeriebene Schale von 3 unbehandelten
Orangen | 2 Bananen, in 2,5 cm dicke
Scheiben geschnitten | 1 Lorbeerblatt
60 ml brauner Rum | 2 EL Speisestärke
70 g dunkle Schokolade (70 % Kakao) mit
Orangenzesten und Krokant, gehackt
2 EL geriebene Paranüsse, Mandeln oder
Cashewkerne | 2 EL Cointreau (oder ein
anderer Orangenlikör)
2 Orangen, geschält und in Filets geschnitten

Den Backofen auf 220 °C vorheizen. Die Ente gründlich waschen, trocken tupfen und von innen und außen mit Zitronen- oder Limettensaft, Salz und Pfeffer würzen. Die Haut mit der Gabel hinten an der Keule und seitlich einstechen, damit beim Garen das Fett austreten kann. Die Ente in den Bräter legen und im Ofen 30 Minuten garen.

Den Bräter aus dem Ofen nehmen und das Fett abgießen. Den Ofen auf 180 °C stellen und die Ente weitere 50 Minuten braten, danach Fett abschöpfen.

Den Orangensaft und die -schale, die Bananen, das Lorbeerblatt und den Rum zur Ente geben und diese unter häufigem Begießen noch 15 Minuten garen, bis sie knusprig und gar ist. Um dies zu prüfen, mit einem Zahnstocher in die Keule stechen, der austretende Fleischsaft muss klar sein. Ente und Bananen aus dem Bräter nehmen und warm halten.

Vom Bratenfond erneut das Fett abschöpfen und den Fond durch ein Sieb in einen Topf gießen. Die Speisestärke in ein bis zwei Esslöffeln kaltem Wasser auflösen und in den Bratenfond rühren. Die Sauce zum Kochen bringen und bei mäßiger Hitze 3 Minuten unter ständigem Rühren eindicken lassen. Mit Salz und Pfeffer abschmecken. Die gehackte Schokolade, die Nüsse und den Likör unterrühren.

Die Ente zum Servieren portionieren und mit den Bananenscheiben und Orangenfilets auf einer vorgewärmten Platte anrichten. Etwas Sauce darübergießen und die restliche Sauce getrennt dazu reichen.

Passt gut dazu: Köstlich zur Ente sind angebratene Gnocchi oder Schupfnudeln.

Weintipp: Ein Grauer Burgunder als Spätlese trocken ausgebaut schmeckt zum Niederknien gut dazu! Häufig unterschätzt werden die Weine von der Nahe. Die Grauen Burgunder von Baden oder von der Pfalz kommen oft noch etwas muskulöser daher.

Entenbrust mit Barriqueschokolade

Zubereitung: 40 Minuten
Für 4 Personen

Zutaten

1 TL Koriander | 1 EL Kakao-Nibs
½ TL frische Thymianblättchen
1 EL Blüten- oder Akazienhonig
30 g Barriqueschokolade (70 %
Kakao), gehackt
Schokoladensalz
Tellycherrypfeffer, frisch gemahlen
4 Entenbrüste (à etwa 200 g)
Salz | Pfeffer, frisch gemahlen
1 EL Butterfett

▌ Koriander und Kakao-Nibs im Mörser zerstoßen und mit Thymian und Honig in eine kleine Schüssel geben. Die Schokolade im warmen Wasserbad schmelzen und unterrühren. Mit Schokoladensalz und Tellycherrypfeffer würzen und beiseitestellen.

▌ Die Entenbrüste waschen und trocken tupfen. Die Haut mit einem scharfen Messer rautenförmig einschneiden, die Brüste mit Salz und Pfeffer würzen.

▌ Den Backofengrill vorheizen. Das Butterfett in einer großen Pfanne erhitzen und das Fleisch darin bei mittlerer bis starker Hitze von jeder Seite etwa 2 Minuten anbraten.

▌ Die Haut der Entenbrüste mit der Schokoladenglasur bestreichen und in etwa 2 Minuten braun grillen. Den Grill ausschalten und den Backofen auf 60–70 C° stellen. Die Brüste in Alufolie wickeln und im Backofen etwa 20 Minuten ruhen lassen.

Gut zu wissen: Die Barriqueschokolade ist mit Gewürzen verfeinert, welche das Gericht zusätzlich aromatisieren.

Schokoladige Entenbrustterrine

Zubereitung: 2 Stunden 10 Minuten
Ruhen: 18 Stunden
Für 4 Personen

Zutaten

4 Entenbrüste (à 180 g)
Schokoladensalz
150–200 g Putenhackfleisch
3 Eier | 150 g Schmant
Kardamom, frisch gemahlen
Pfeffer, frisch gemahlen
Ingwer, gerieben
abgeriebene Schale von je 1 unbehandelten Orange und Limette
100 g Schokolade aus Venezuela
(70 % Kakao)
6 getrocknete Zwetschgen, fein
gewürfelt | 6 getrocknete Aprikosen,
fein gewürfelt

▌ Am Vorabend die Entenbrüste auf der Hautseite einritzen, quer aufschneiden, flach klopfen und mit Schokoladensalz würzen. Über Nacht in den Kühlschrank stellen.

▌ Das Hackfleisch mit den Eiern und dem Schmant sorgfältig verrühren und mit Schokoladensalz, Kardamom, Pfeffer, etwas Ingwer, Orangen- und Limettenschale würzen.

▌ 25 Gramm Schokolade fein hacken. Schokolade und Trockenfrüchte unter das Fleisch heben und für 6 Stunden kühlen. Erneut durcharbeiten und eventuell nachwürzen.

▌ Die restliche Schokolade im warmen Wasserbad schmelzen und auf die Haut der Entenbrüste streichen. Die Brüste mit der Schokoladenseite auf eine Frischhaltefolie legen. Die Fleischseite würzen, mit dem Hackfleisch nicht allzu dick bestreichen und die Brüste mithilfe der Folie zu einem übergroßen Bonbon aufrollen; in Alufolie wickeln und die Folienenden versiegeln.

▌ Die Entenbrust im Wasserbad bei 85 °C 1 Stunde 20 Minuten garen. Herausnehmen, abkühlen lassen und vor dem Servieren 2–3 Tage im Kühlschrank durchziehen lassen. In zentimeterdicke Scheiben schneiden und so oder kurz angebraten servieren (siehe Foto).

Schokoladen-Anis-Crêpes mit Entenleber

Zubereitung: 1 Stunde
Für 4 Personen

Zutaten

Für die Crêpes

30 g Kakao-Nibs | 10 g Anis
250 g Mehl | 100 ml Milch
3 Eier | Salz

Für die Entenleber

400 g Entenlebern
1 EL Butter | 30 ml Absinth
1 Schalotte, fein gewürfelt
6 Blätter Salbei | 50 ml Portwein
1 gestr. EL Kakao, schwach entölt
Salz | schwarzer Pfeffer, frisch
gemahlen

▌ Für die Crêpes die Kakao-Nibs und Anissamen im Mörser fein zerstoßen. Mit Mehl, Milch, Eiern und Salz zu einem glatten Teig verrühren.

▌ Die Entenlebern von Fett und Sehnen befreien. Den Back-ofen auf 50 – 70 °C vorheizen. Eine beschichtete Pfanne von etwa 25 Zentimeter Durchmesser erhitzen. Etwas Crêpeteig darin dünn verstreichen und von jeder Seite in 3 Minuten goldbraun braten. Herausnehmen und im Ofen warm halten. Auf diese Weise acht Crêpes backen.

▌ Die Butter in der Pfanne zerlassen. Die Lebern darin von jeder Seite 1 – 2 Minuten anbraten. Mit dem Absinth über-gießen und flambieren. Schalotte und Salbei dazugeben, mit Portwein ablöschen und 1 – 2 Minuten einkochen lassen. Den Kakao einrühren, mit Salz und Pfeffer abschmecken.

▌ Die Crêpes leicht überlappend nebeneinander auf die Ar-beitsfläche legen. Die Entenlebern darauf verteilen und so fest wie möglich mit den Crêpes aufrollen. Zum Servieren schräg in acht Scheiben schneiden (siehe Foto).

Entenleber-Parfait mit Milchschokolade

Zubereitung: 50 Minuten
Für 4 Personen

Zutaten

500 g Entenlebern
(keine Entenstopflebern)
1 EL Öl | 80 g Apfelspalten, geschält
100 ml Calvados
Schokoladensalz
Pfeffer, frisch gemahlen
Kardamom, frisch gemahlen
Koriander, frisch gemahlen
40 ml Sahne | 250 g Ricotta
30 g feine Milchschokolade
(38 % Kakao; beispielsweise
Trinitario aus Peru), fein gehackt
200 g Pumpernickel, fein gewürfelt
4 Blatt Gelatine

▌ Die Entenlebern von Gallengängen befreien. Das Öl in einer Pfanne erhitzen und die geputzten Lebern darin kurz anbra-ten. Die Apfelspalten zugeben, durchschwenken, mit drei Esslöffeln Calvados flambieren und würzen. Vom Herd neh-men, ein paar schöne Leberstücke für die Einlage würfeln und beiseitestellen.

▌ Den Rest der Entenlebern mit der Sahne im Küchenmixer fein pürieren. Die Mousse in eine Schüssel geben, Ricotta und Leberwürfel, Schokolade und Pumpernickel untermi-schen. Die Mousse abschmecken.

▌ Die Gelatine in kaltem Wasser einweichen. Den Calvados in einem Topf auf etwa 65 °C erhitzen, die Gelatine darin auf-lösen und unter die Masse heben. Die Masse in vier kleine Formen oder eine große füllen und zum Gelieren kalt stellen. Das Parfait in Scheiben schneiden und anrichten.

Passt gut dazu: Perfekt dazu ist ein kleiner Salat mit dem Apfel-Sherry-Dressing von Seite 37

Tipp: Die Einlage für das Parfait kann mit Pilzen, am bes-ten Shiitake-Pilzen, ergänzt werden.

Gefülltes Poulardenbrüstchen mit Maronen

Die Milchschokolade liefert nicht nur Geschmack und Würze, sondern sorgt auch für eine zarte Bindung der Füllmasse.

Zubereitung: 1 Stunde
Für 4 Personen

Zutaten

300 g Maronen (vakuumverpackt)
4 Scheiben Toast, entrindet
2 – 3 Eier | 1 TL Weinbrand
Schokoladensalz | Pfeffer, frisch gemahlen
Muskatnuss, frisch gerieben | 1 Msp. Zimt
40 g Milchschokolade, fein gehackt
30 g Lauch, in feine Streifen geschnitten
30 g Knollensellerie, gewürfelt (frisch oder
tiefgekühlt) | 30 g Karotten, gewürfelt
4 Poulardenbrüste | 10 g weiße Schokolade,
geschmolzen | ½ TL Kakao-Nibs
Salz | Mehl zum Bestauben

Für die Sauce

20 g Kakaobutter | 250 g Lauch, in feine
Streifen geschnitten | 125 ml Geflügel- oder
Kalbsjus | 50 ml Sahne, leicht geschlagen

Die Maronen aus der Packung nehmen und die Hälfte davon beiseitestellen. Den Rest sehr fein hacken oder im Küchenmixer pürieren.

Den Toast im Küchenmixer fein zerkleinern und mit den Eiern, dem Weinbrand, Schokoladensalz, Pfeffer, Muskatnuss, dem Zimt und der Milchschokolade zu einer kompakten Masse verkneten. Die Gemüsewürfel unter die Maronenmasse heben. Den Backofen auf 140 °C vorheizen.

In jede Poulardenbrust quer eine Tasche schneiden und die Brüste innen und außen mit der weißen Schokolade bestreichen.

Die Maronenmasse in die vorbereiteten Öffnungen der Poulardenbrüste geben und die Taschen mit Zahnstochern verschließen. Die Brüste salzen, pfeffern, mit Kakao-Nibs bestreuen und mit Mehl bestauben. Das Fleisch in eine feuerfeste Form legen und im Ofen 30 Minuten garen.

Für die Sauce die Kakaobutter in einem Topf zerlassen. Den Lauch und die beiseitegestellten Maronen darin unter mehrmaligem Wenden garen. Der Lauch sollte Biss und Farbe bewahren.

In einem zweiten Topf die Jus erwärmen und die Sahne unterziehen. Das Fleisch aus dem Ofen nehmen und in Scheiben schneiden. Den Lauch mit den Maronen auf Tellern verteilen. Die Poulardenbrüstchen darauf anrichten und mit Jus überziehen.

Tipp: Falls Sie etwas Maronenmasse übrig haben, stechen Sie Nocken aus, garen diese in siedendem Wasser und reichen sie zur Poulardenbrust dazu.

Weintipp: Die in Mittelitalien noch selten ausgebaute, autochthone Rebsorte Pecorino wirkt außerordentlich würzig mit einer feinen Säurestruktur.

Schoko-Gewürz-Poularde

Die Kombination aus Hähnchenfleisch, aromatischen Gewürzen und Milchschokolade ist ein unvergleichlicher Genuss, denn Geflügel und Milchschokolade sind wie füreinander gemacht.

Zubereitung: 1 Stunde 15 Minuten
Für 4 – 6 Personen

Zutaten

2 Poularden à 1,2 kg | Schokoladensalz
Langer Pfeffer (Javapfeffer), frisch gemahlen
2 EL Mehl zum Bestauben
3 EL Pflanzenöl | 1 EL Butterschmalz
3 grüne oder rote Paprikaschoten
250 g Shiitake-Pilze | 250 g Schalotten
4 Scheiben Frühstücksspeck, gegrillt und
zerkrümelt | 500 ml Hühnerbrühe (Instant oder
Fond) | 50 g Milchschokolade (42 % Kakao),
gehackt | 100 ml trockener Weißwein
6 EL Tomatenmark | 2 ½ EL Sojasauce guter
Qualität | 3 Knoblauchzehen, zerdrückt
1 TL frischer Estragon | 2 Gewürznelken
½ Zimtstange | 2 Lorbeerblätter
2 EL Weinbrand

▌ Jede Poularde in sechs Stücke teilen, abspülen und trocken tupfen. Mit Schokoladensalz und Pfeffer würzen und mit Mehl bestauben.

▌ Je die Hälfte von Öl und Butterschmalz in einer großen Pfanne erhitzen und die Geflügelteile darin von allen Seiten goldbraun anbraten. Das Fleisch herausnehmen, etwas abtropfen lassen und in eine feuerfeste Form, am besten mit Deckel, legen.

▌ Die Paprikaschoten vom Kerngehäuse und weißen Scheidewänden befreien, waschen und in zentimeterbreite Streifen schneiden. Die Pilze putzen, die Schalotten schälen. Alle drei Zutaten in dem restlichen Fett in der Pfanne anbraten, bis die Schalotten goldbraun sind. Mit dem Speck zum Huhn geben und untermischen.

▌ Das Fett aus der Pfanne abschöpfen. Den Bratensatz mit etwas Brühe bei starker Hitze losrühren und etwas abkühlen lassen. Die gehackte Schokolade darin auflösen. Die restliche Brühe, Wein, Tomatenmark, Sojasauce, Knoblauch, Estragon, Nelken, Zimt und Lorbeerblätter dazu in die Form geben und alles gut mischen, eventuell mit Schokoladensalz und Pfeffer würzen. Den Weinbrand dazugeben und die Sauce über das Geflügel gießen.

▌ Alles bei mittlerer Hitze zum Kochen bringen und dann zugedeckt bei schwacher Hitze 30 Minuten garen. Jetzt den Deckel abnehmen und das Ganze weitere 15 Minuten garen, bis das Hähnchen zart ist. Lorbeerblätter, Nelken und Zimtstange entfernen und das Gericht sofort servieren.

Passt gut dazu: Gut zu der Schoko-Gewürz-Poularde schmecken Tagliatelle, Spaghetti oder einfach Bauernbrot und ein gemischter Salat.

Schokoragout von der Taube

Kräftig schmeckendes Taubenfleisch, aromatischer Rotwein und eine Fülle an Gewürzen harmonieren allein schon gut miteinander, doch in Kombination mit der edlen Bolivia Sauvage wird der Geschmack sensationell, da sie den anderen Aromen den Vortritt lässt, diese perfekt unterstreicht und dem Gericht den letzten Schliff gibt.

Zubereitung: 1 Stunde 40 Minuten
Für 4 Personen

Zutaten

4 Tauben (à 300 – 350 g)
1 Zwiebel | 2 Knoblauchzehen
1 rote Chilischote | 1 kleine Karotte
½ Knolle Gemüsefenchel | 2 EL Butterschmalz
500 ml Rotwein | 500 ml Geflügelfond
je 2 Lorbeerblätter, Thymianzweige,
Rosmarinzweige | 1 TL Wacholderbeeren
1 TL schwarze Pfefferkörner
½ Vanilleschote | 2 Gewürznelken
1 Zimtstange | 70 g Bolivia Sauvage
(70 % Kakao), gehackt
Schokoladensalz | Pondicherrypfeffer, frisch
gemahlen | 4 frische Feigen
½ TL Zitronenthymianblättchen

Das Taubenfleisch auslösen und parieren. Das Fleisch in etwa 1 ½ Zentimeter breite, mundgerechte Stücke schneiden.

Die Zwiebel und den Knoblauch schälen und beides würfeln. Die Chilischote waschen, halbieren und von den Samen befreien. Karotte und Fenchel putzen und fein würfeln. Einen Esslöffel Butterschmalz in einem Bräter erhitzen und die Knochen und Hautabschnitte der Tauben darin in 3 – 4 Minuten scharf anbraten.

Zwiebel, Knoblauch, Chilischote und Gemüse dazugeben und kurz anbraten. Mit der Hälfte des Rotweins ablöschen und diesen vollständig einkochen lassen. Den restlichen Rotwein und den Fond angießen. Die Kräuter und Gewürze zufügen und alles etwa 50 Minuten köcheln lassen. Nach 35 Minuten den Backofen auf 200 °C Umluft vorheizen.

Die fertige Sauce durch ein Sieb in einen Topf gießen und die gehackte Schokolade darin auflösen, aber nicht mehr aufkochen lassen. Mit Schokoladensalz und Pfeffer abschmecken.

Die Feigen kurz waschen, mit den Thymianblättchen in Alufolie wickeln und im Backofen auf der mittleren Schiene etwa 15 Minuten garen. Aus dem Ofen nehmen und eingewickelt beiseitestellen. Den Ofen auf 60 – 70 °C Ober- und Unterhitze stellen.

Das restliche Butterschmalz in einer feuerfesten Pfanne erhitzen und das Taubenfleisch darin 2 Minuten scharf anbraten. In der Pfanne im Backofen 20 Minuten ruhen lassen. Die Schokoladensauce über das Fleisch gießen und auf vier Tellern mit den gegarten Thymianfeigen anrichten.

Weintipp: Taube und Spätburgunder sind eine unschlagbar gute Kombination! Nehmen Sie einen kräftigen Barrique-gereiften Spätburgunder, beispielsweise aus Baden, bzw. Pinot Noir, wie er im Ausland heißt. Die Frucht des Weins passt sich den Feigen an.

Geflügel

Perlhuhnbrust in Walnussöl mit Wildschokolade und Maronen

Bolivia Sauvage ist eine einmalige Wildschokolade. Mit ihren 70 % Kakao besitzt sie kaum Gerbstoffe und Tannine und rundet dieses Gericht perfekt ab.

Zubereitung: 40 Minuten
Marinieren: 24 Stunden
Für 4 Personen

Zutaten

4 Perlhuhnbrustfilets | 100 ml Walnussöl
½ EL Zitronensaft | ½ TL Kakao
600 g Pastinaken oder Petersielienwurzeln
Salz | 150 g Crème fraîche | 50 ml Sahne
3 EL Butter | 30 g Milchschokolade
(36 % Kakao), gehackt | 150 g Maronen
200 ml Kalbsjus oder -fond
35 g Bolivia Sauvage (70 % Kakao), gehackt
2 EL Kakaobutter | Schokoladensalz
Pfeffer, frisch gemahlen | 1 EL Weißwein
8 Frühlingszwiebeln | 1 TL Zucker
1 – 2 EL gehobelte und geröstete Walnüsse

Das Fleisch waschen und trocken tupfen. Walnussöl, Zitronensaft und Kakao mischen und mit den Perlhuhnbrüsten in einen Gefrierbeutel geben. Diesen sehr gut verschließen, schütteln und das Fleisch 1 Tag im Kühlschrank ziehen lassen.

Die Pastinaken oder Petersilienwurzeln schälen, würfeln, in einem Topf knapp mit Wasser bedecken, salzen und weich kochen. Das Wasser abgießen. Die Crème fraîche, Sahne, einen Esslöffel Butter und die Milchschokolade unter das Gemüse mischen und alles fein pürieren. Warm halten.

Die Maronen auf der Unterseite kreuzweise einschneiden und im Ofen bei 180 °C rösten, bis sie aufspringen, das dauert etwa 15 Minuten. Die Maronen schälen und fein hobeln.

In einem Topf Wasser auf 65 °C erhitzen, den Beutel mit den Perlhuhnbrüsten einlegen und 10 Minuten darin ziehen lassen.

Kalbsfond oder -jus in einem Topf auf die Hälfte einkochen lassen. Den Fleischbeutel öffnen und die entstandene Flüssigkeit mit einem Stabmixer unter den Fond arbeiten. Nun die Schokolade unter die Sauce ziehen, aber nicht aufkochen.

In einer Pfanne die Kakaobutter erwärmen. Die Perlhuhnbrüste mit Schokoladensalz und Pfeffer würzen und bei mittlerer Temperatur auf der Hautseite braten, bis diese goldgelb und knusprig ist. Das Fleisch herausnehmen, den Bratensatz mit dem Wein ablöschen und unter die Sauce ziehen.

Die Frühlingszwiebeln putzen und waschen. Die restliche Butter in einer kleinen Pfanne mit dem Zucker schmelzen lassen und die Frühlingszwiebeln darin glasig schwenken.

Je zwei Nocken Püree mithilfe eines Esslöffels auf vier Teller setzen. Frühlingszwiebeln und Fleisch daneben anrichten und mit Sauce überziehen. Die Maronen und Walnüsse darüberstreuen.

Rind, Kalb & Schwein

Sie sehen, wir lassen in diesem Buch nichts aus, warum auch? Denn zu allen drei Fleischsorten passt Schokolade vortrefflich. Grob kann man sich dabei an die Faustregel halten: Je dunkler das Fleisch, umso dunkler darf auch die Schokolade sein.

Hochwertige Schokolade kombiniert mit hochwertigem Fleisch und am besten zusätzlich noch mit Schokoladensalz gewürzt, lassen die Gerichte zur Hochform auflaufen.

Birnen-Schokoladen-Koteletts

Zubereitung: 50 Minuten
Für 4 Personen

Zutaten

25 g Butterschmalz
4 Schweinekoteletts
Salz | schwarzer Pfeffer, frisch
gemahlen
1 Dose Birnenhälften (425 g)
80 ml Sahne
1 EL gehackter, frischer Majoran,
plus Majoran zum Garnieren
1 EL Zitronensaft | 40 g Macadamia-
Milchschokolade (42 % Kakao),
gehackt (ersatzweise Haselnussschokolade)

▌Den Backofen auf 160 °C vorheizen. Das Butterschmalz in einer Pfanne erhitzen und die Koteletts darin von jeder Seite 3 – 4 Minuten anbraten. Die Koteletts herausnehmen, in eine flache Auflaufform legen und mit Salz und Pfeffer würzen.

▌Die Birnen abtropfen lassen, den Saft auffangen. Die Früchte in der Pfanne im heißen Fett etwa 5 Minuten anbraten; auf den Koteletts verteilen.

▌Den Birnensaft in die Pfanne geben und den Bratensatz los-rühren. Sahne, gehackten Majoran und Zitronensaft hinzufü-gen und alles unter Rühren bei starker Hitze in etwa 5 Minu-ten auf die Hälfte einkochen lassen. Die Schokolade zu-geben und die Sauce über die Koteletts gießen. Das Fleisch zugedeckt 20 – 25 Minuten im Ofen garen. Mit Majoran gar-niert servieren.

Passt gut dazu: Schokoladenspätzle (siehe Seite 44) sind eine sehr gute Wahl zu diesem Gericht.

Weintipp: Perfekt zu den Koteletts ist ein Weißburgunder als Spätlese trocken ausgebaut.

Schoko-Vögerln mit Basilikum

Zubereitung: 1 Stunde 5 Minuten
Für 4 Personen

Zutaten

12 dünne Scheiben Schweinerücken
(à 50 g) | 200 g Tapenade (Oliven-
paste) | 1 EL Kakao-Nibs, im Mörser
leicht zerstoßen | 12 dünne Scheiben
geräucherter Schinken | 1 Bund Basili-
kum, Blätter abgezupft | Salz
schwarzer Pfeffer, frisch gemahlen
Olivenöl zum Braten | 50 ml Noilly Prat
(ersatzweise Martini) | 1 EL rosa Pfef-
ferbeeren | 100 ml Sahne
50 g edelherbe Schokolade aus
der Dominikanischen Republik
(70 % Kakao), gehackt

▌Die Schnitzel unter Frischhaltefolie etwas dünner klopfen.

▌Die Tapenade mit den Kakao-Nibs vermengen. Jedes Schnitzel damit bestreichen, mit einer Schinkenscheibe und Basilikumblättern belegen und fest aufrollen. Je zwei Rouladen auf einen Holzspieß stecken (siehe Foto) und mit Salz und Pfeffer würzen.

▌Den Backofen auf 80 °C vorheizen und eine Platte darin wärmen. In einer Pfanne Olivenöl erhitzen und die Spieße darin etwa 3 Minuten braten. Auf die Platte legen und im Ofen 30 Minuten garen.

▌Den Bratensatz in der Pfanne mit Noilly Prat ablöschen und zur Hälfte einkochen lassen. Vor dem Servieren er-neut erhitzen und das restliche Basilikum, die Pfefferbeeren, die Sahne und die Schokolade sorgfältig unterrühren. Die Sauce mit dem Stabmixer kurz aufschäumen.

Passt gut dazu: Die Schokoladenpolenta von Seite 46!

Weintipp: Ein weißer Albarinowein aus Galizien hebt das Essen und umgekehrt.

Filetpastete mit Schokoladensauce

Die kräftig nach Kakao schmeckende Schokolade mit ihrer leichten Schärfe ergänzt das leicht süßlich schmeckende Schweinefleisch vortrefflich.

Zubereitung: 1 Stunde 30 Minuten
Kühlen: 1 Stunde
Für 6 Personen

Zutaten

1 TL Schokoladensalz | 100 g Sauerrahm
175 g Butter, gewürfelt | 50 g Schmalz
300 g Mehl, plus ½ TL Mehl
4 Scheiben Toastbrot | 100 ml Sahne
2 Zwiebeln | 2 EL Öl | 300 g Schweinefilet
je 2 Zweige Majoran und Thymian
Salz | Pfeffer, frisch gemahlen
Piment, frisch gemahlen
Gewürznelken, frisch gemahlen
800 g feines Hackfleisch vom Kalb
100 g Pistazienkerne, grob gehackt
1 Schalotte | 200 ml Kalbsfond (aus dem Glas)
50 ml Madeira
40 g edelherbe Schokolade mit Chili (70 %
Kakao, beispielsweise Venezuela Espelette)
2 EL Balsamicoessig

▌ Schokoladensalz, Sauerrahm, 150 Gramm Butter und das Schmalz glatt verkneten, 300 Gramm Mehl unterarbeiten und den Teig für 1 Stunde in den Kühlschrank stellen. Den Toast würfeln und in der Sahne einweichen. Die Zwiebeln schälen und fein würfeln. Einen Esslöffel Öl in einer Pfanne erhitzen und die Zwiebeln darin glasig schwitzen. Aus der Pfanne nehmen und abkühlen lassen.

▌ Das Filet trocken tupfen. Das restliche Öl in der Pfanne erhitzen und das Filet mit den Kräuterzweigen darin anbraten. Herausnehmen und mit Salz, Pfeffer, Piment und Nelken würzen. Den eingeweichten Toast, Hackfleisch, Pistazien und Zwiebeln sorgfältig verkneten.

▌ Den Backofen auf 180 °C vorheizen. Eine Terrinen- oder Kastenform von 30 Zentimeter Länge mit Backpapier auslegen. Den Teig auf wenig Mehl fünf Millimeter dünn ausrollen. Die Form damit auskleiden, dabei den Teig an den langen Formseiten jeweils etwa sechs Zentimeter überlappen lassen.

▌ Die Hälfte der Fleischmasse in die Form füllen, das Filet darauflegen und mit dem restlichen Hackfleisch bedecken. Den Teig darüberklappen und an den Rändern sorgfältig festdrücken. Die Terrine 1 Stunde im Ofen backen und dann auskühlen lassen.

▌ Die Schalotte schälen und würfeln. 20 Gramm Butter in einem Topf erhitzen und die Schalotte darin glasig anschwitzen. Fond und Madeira angießen und auf die Hälfte einkochen lassen. Fünf Gramm Butter und das restliche Mehl verkneten und einrühren. Die Schokolade reiben, in die Sauce rühren und diese mit Balsamicoessig abschmecken. Die Terrine in zwölf Scheiben schneiden und jeweils zwei Scheiben mit etwas Sauce auf einem Teller anrichten.

Schweinefilet in der Kaffeehülle

Perukakao ist vollmundig mit feiner Säure und keinen Bitternoten und unterstreicht so die Aromen der Sauce, ohne sie mit seinem Kakaoaroma zu überdecken.

Zubereitung: 1 Stunde 40 Minuten
Für 4 Personen

Zutaten

1 EL Kaffeebohnen
1 EL Kakao-Nibs
1 EL Meersalz
3 Zweige Thymian
800 g Schweinefilet
8 Scheiben roher Schinken
20 g getrocknete Steinpilze
40 g Butterschmalz
70 g Schalotten
1 Knoblauchzehe
70 ml weißer Portwein
70 ml Weißwein
150 ml Fleischbouillon
70 ml Sahne
70 g edelherbe Schokolade aus Peru
(70 % Kakao), gehackt
Salz
Pfeffer, frisch gemahlen

▌ Die Kaffeebohnen und Kakao-Nibs mit dem Meersalz im Mörser fein zerstoßen. Die Thymianblättchen von den Zweigen zupfen und unter die Salzmischung mengen. Das Schweinefilet in diesem Würzsalz wenden, mit dem Schinken umwickeln und diesen mit Küchenschnur fixieren. Den Backofen auf 80 °C vorheizen. Die Steinpilze in 50 Milliliter warmem Wasser einweichen.

▌ Das Butterschmalz in einer Pfanne erhitzen. Das Filet darin rundherum anbraten, in eine ofenfeste Form legen und im Backofen 1 Stunde garen.

▌ Währenddessen die Schalotten und den Knoblauch würfeln und in der Pfanne in dem Fett anschwitzen. Mit Portwein, Weißwein und Bouillon ablöschen, aufkochen lassen, durch ein Sieb in einen Topf passieren und auf die Hälfte einkochen.

▌ Die Steinpilze aus dem Wasser nehmen, ausdrücken, hacken und in die eingekochte Sauce geben. Das Einweichwasser durch ein feines Sieb in die Sauce gießen und diese weitere 5 Minuten köcheln lassen. Dann die Sahne und die Schokolade unterrühren. Die Sauce mit dem Stabmixer fein pürieren und mit Salz und Pfeffer abschmecken.

▌ Das Schweinefilet aus dem Ofen nehmen, in Scheiben schneiden und mit der Sauce umgießen.

Passt gut dazu: Die perfekte Beilage dazu ist ein Kartoffel-Sellerie-Püree.

Weintipp: Die Schokolade im Essen verschmilzt regelrecht mit im Barrique gereiften Weinen und die Kaffeebohnen wirken wie ein Verstärker für die feinen Toastingaromen im Wein. Zu Steinpilzen gibt es für mich nichts Besseres als Grauburgunder, zum Beispiel von der Nahe. Die Weine haben Schmelz, Kraft und Würze und wirken wirklich wie ein gleichgestellter Partner zu dem Gericht.

Schweinefilet im Kokosmantel

Süßliches Schweinefleisch, mild-aromatische Milchschokolade aus Edelkakao, frische Kokosnuss, das besondere Aroma des Absinth sowie intensiv
und leicht scharf schmeckende Zimtblüten gehen eine raffinierte Liaison ein,
die ihresgleichen sucht.

Zubereitung: 55 Minuten
Für 4 Personen

Zutaten

10 Schweinemedaillons
2 – 3 EL Sojasauce
1 Kokosnuss
35 g Milchschokolade
(36 % Kakao)
1 EL Mehl | 500 g Lauch
25 g Butter | 50 ml Sahne
50 ml Gemüsebrühe
1 – 2 EL Absinth
Salz | Pfeffer, frisch gemahlen
abgeriebene Schale von 1 unbehandelten Zitrone
3 Zimtblüten, im Mörser fein zerstoßen
2 Eiweiß | 2 EL Mehl
30 g Butterschmalz

▯ Die Medaillons von beiden Seiten mit der Sojasauce bestreichen und zugedeckt für 30 Minuten
in den Kühlschrank stellen.

▯ Währenddessen die Kokosnuss öffnen und in
große Stücke teilen. Das Fruchtfleisch heraus-
lösen und die dünne braune Haut entfernen.
Etwa 250 Gramm Kokosnuss und die Schokolade fein reiben und mit dem Mehl vermengen.

▯ Den Lauch gründlich waschen, putzen und in
Ringe schneiden. Die Butter in einem Topf zerlassen und den Lauch darin anschwitzen. Sahne,
Brühe und Absinth angießen und einkochen lassen. Das Gemüse mit Salz, Pfeffer, Zitronenschale
und den Zimtblüten würzen.

▯ Die Medaillons aus dem Kühlschrank nehmen, mit
Küchenpapier trocken tupfen und in dem Mehl
wenden. Dann durch das Eiweiß ziehen und in der
Kokos-Schokoladen-Panade wenden. Gut andrücken. Den Ofen auf 80 °C vorheizen.

▯ In einer beschichteten Pfanne das Butterschmalz
erhitzen und die Medaillons darin braten, bis sie
auf der Unterseite gebräunt sind; wenden und
die zweite Seite braten. Die Medaillons aus der
Pfanne nehmen, in eine ofenfeste Form legen und
20 Minuten im Ofen nachgaren lassen.

▯ Den Lauch mittig auf vier Tellern anrichten und
die Medaillons daraufsetzen. Als Beilage die
kurz angebratenen Kakaognocchi von Seite 48
dazu servieren.

Weintipp: Ein absolut spannender Begleiter zu
diesem Gericht ist ein Silvaner als Spätlese trocken ausgebaut. Gerade die fränkischen Silvaner
besitzen eine einzigartige Würzigkeit, ein durch
aus nussiges Bukett, und sie spiegeln das Terroir
wider. Obwohl sie wenig Säure besitzen, sind sie
lebendig und unglaublich charaktervoll.

Carnitas

Die knusprigen Kakao-Nibs steuern nicht nur ihr Aroma, sondern auch einen nussigen Biss zu diesem Gericht bei.

Zubereitung: 2 Stunden
Für 4 Personen

Zutaten

1 kg Schweineschulter (ohne Knochen)

1 große Zwiebel

20 g Kakao-Nibs

1 EL Koriander

1 EL gemahlener Kreuzkümmel

1 EL getrockneter Oregano

Salz

2 getrocknete Ancho-Chilischoten

2 Lorbeerblätter

500 ml Fleischbrühe (eventuell etwas mehr)

30 g edelherbe Uxmal-Schokolade aus Mexiko (70 % Kakao), gehackt

▌ Das Fleisch kalt abspülen und in einen Bräter, in den das Fleisch gerade so hineinpasst, legen. Die Zwiebel schälen und vierteln. Die Zwiebel mit den Kakao-Nibs, den Korianderkörnern, dem Kreuzkümmel, dem Oregano, Salz, den Chilischoten und den Lorbeerblättern in den Bräter geben. Mit Brühe auffüllen, sodass das Fleisch knapp bedeckt ist.

▌ Den Braten zugedeckt langsam zum Kochen bringen und bei schwacher Hitze etwa 1 Stunde köcheln lassen. Das Fleisch zwischendurch einmal wenden.

▌ Den Backofen auf 230 °C vorheizen. Das Fleisch aus dem Sud nehmen, abtropfen lassen und auf einem Blech oder dem Backofenrost auf der mittleren Schiene des Ofens in 20–30 Minuten knusprig braten.

▌ Den Garsud im offenen Topf auf knapp die Hälfte einkochen lassen, durch ein Sieb gießen, die gehackte Uxmal-Schokolade unterziehen und die Sauce abschmecken.

▌ Das Fleisch quer zur Faser in feine Scheiben schneiden und auf einer Platte anrichten. Die Sauce getrennt dazu reichen.

Passt gut dazu: Traditionell füllen die Mexikaner carnitas in Tortillas oder Tacos. Gut passen aber auch *papas arrugadas* oder die Schokoladenpolenta von Seite 46 dazu.

Weintipp: Carnitas würde ich am liebsten mit Freunden genießen und dazu einen unkomplizierten, nicht zu üppigen Rosé trinken. Gerade sehr im Trend ist, dass die Winzer Blanc des Noirs anbieten. Das bedeutet, dass die roten Trauben nach der Lese zügig abgepresst wurden und somit ein weißer Saft entsteht. Die Weine bringen trotz ihrer Frische und Eleganz eine gewisse Würze und die Beerigkeit der Rotweintrauben mit.

Flambierte Nieren mit Mexikoschokolade

Die edelherbe Schokolade aus Mexiko passt mit ihrem vollen Kakaoaroma gut zu den Nieren, da sie nicht nur einen feinen Geschmack mitbringt, sondern auch den Eigengeschmack der Nieren abmildert.

Zubereitung: 30 Minuten
Einweichen: 24 Stunden
Für 4 Personen

Zutaten

4 ganz frische Schweinenieren | 250 ml Milch
4 Zweige französischer Estragon
Salz | schwarzer Pfeffer, frisch gemahlen
Mehl zum Bestauben | 50 g Butter
½ Cillischote | 2 TL Schokoladensenf
120 ml Portwein | 50 ml Sahne
Schokoladensalz | 40 ml Armagnac oder Cognac
30 g edelherbe Schokolade aus Mexiko (70 % Kakao), gehackt
1 EL fein gehackte Petersilie
3 Scheiben Mischbrot, geröstet

▌ Die Nieren enthäuten, längs halbieren und das harte Innere entfernen. Die Stücke in die Milch legen, zwei Zweige Estragon hinzufügen und für 24 Stunden im Kühlschrank wässern.

▌ Die Milch weggießen, die Nieren gut mit Wasser auswaschen, trocken tupfen, salzen, pfeffern und mit Mehl bestauben. Die Hälfte der Butter in einer schweren Pfanne zerlassen und die Nieren darin 1 Minute kräftig braun anbraten, sie sollen innen roh bleiben. Aus der Pfanne heben, etwas abkühlen lassen und würfeln. Den restlichen Estragon hacken.

▌ Die restliche Butter in der Pfanne zerlassen und die Cillischote darin anbraten. Die Nieren und den Senf hinzufügen. Bei mittlerer bis starker Hitze 1 – 2 Minuten unter Rühren braten, dann den Portwein und die Sahne hinzufügen. Die Hitze reduzieren und den gehackten Estragon dazugeben. Die Nieren unter ständigem Rühren gar köcheln und mit Schokoladensalz und Pfeffer abschmecken.

▌ Den Armagnac oder Cognac über die Nieren träufeln und mit einem Streichholz anzünden. Ständig rühren, bis die Flammen verlöschen, dann die gehackte Schokolade unterrühren und alles noch 1 Minute garen, aber nicht kochen.

▌ Das Gericht auf vorgewärmte Teller geben und mit Petersilie bestreuen. Das Röstbrot in Dreiecke schneiden, auf den Tellern anrichten und sofort servieren.

Passt gut dazu: Als Beilage dazu eignen sich Bratkartoffeln mit Schokoladensalz und Kakao-Nibs, aber auch Reis oder Nudeln.

Weintipp: Ein mittelgewichtiger Rotwein trinkt sich perfekt dazu. Nehmen Sie einen Malbec aus Argentinien – er ist feurig und vollmundig, ohne dabei zu mächtig zu wirken. Malbec bringt eine tolle Farbintensität mit und auch würzige Fruchtaromen, an Pflaumen und Tabak erinnernd.

Schokoladen-Zwiebel-Confit

Zubereitung: 25 Minuten
Für 4 Personen

Zutaten

150 g Zwiebeln
500 ml Rotwein
100 g Muscovadozucker
1 Zweig Thymian | 1 Lorbeerblatt
90 g Barriqueschokolade aus Venezuela
(70 % Kakao)
1–2 EL Crème de Cassis
Salz | schwarzer Pfeffer, frisch gemahlen

▌ Die Zwiebeln schälen und fein würfeln. Mit dem
Rotwein, Zucker, Thymian und Lorbeerblatt in
einen Topf geben und einkochen lassen, bis die
Flüssigkeit beinahe verkocht ist.

▌ Die Hitze reduzieren und die Barriqueschokolade
darin auflösen. Den Likör unterrühren, das Confit
mit Salz und Pfeffer abschmecken und bis zum
Servieren warm stellen.

Tipp: Die edelherbe Barriqueschokolade be-
gleiten Aromen von Kardamom, Ingwer und
Szechuanpfeffer.

Grillsauce mit feinem Schokoladenaroma

Zubereitung: 30 Minuten
Für 10 Personen

Zutaten

½ l Coca-Cola
80 g edelherbe Schokolade (70 % Kakao)
1 TL Currypulver
1 kg Tomatenketchup
½ TL gemahlener oder frischer, fein
gehackter Ingwer
½ TL Chili aus der Mühle oder fein gehackte
frische Chilischote
schwarzer Pfeffer, grob gemahlen
Schokoladensalz | Kakao-Nibs
brauner Zucker | Meerrettich

▌ Die Cola auf etwa die Hälfte einkochen lassen. Die
Schokolade und das Currypulver gut unterrühren.
Das Ketchup dazugeben und die Sauce unter stän-
digem Rühren erhitzen, bis sie leicht köchelt.

▌ Die noch warme Sauce mit Ingwer, Chili, etwas
Pfeffer, Schokoladensalz, Kakao-Nibs, etwas brau-
nem Zucker und ein wenig Meerrettich abschmecken. Dann gut durchkühlen und nachwürzen.

Tipps: Wer die Sauce mit etwas Biss bevorzugt,
gibt sehr fein geschnittene Paprikaschote hinzu.
Die Sauce lässt sich mit abgeriebener, unbehan-
delter Orangen- oder Zitronenschale verfeinern.

Schokoladen-Oliven-Sauce

Zubereitung: 20 Minuten
Für 4 Personen

Zutaten

1 rote Chilischote
4 schwarze Oliven mit Stein
60 g edelherbe Schokolade (70 % Kakao)
1 EL Kakao, schwach entölt
140 ml natives Olivenöl

▌ Die Chilischote längs halbieren, von den Samen befreien und in feine Würfel schneiden. Die Oliven halbieren, entsteinen und in feine Würfel schneiden. Die Schokolade fein hacken und in einer Schüssel über dem heißen Wasserbad auf etwa 37 °C erwärmen und auflösen.
▌ Das Kakaopulver zu der Schokolade geben und gut unterrühren. Das Olivenöl unter ständigem Rühren zugießen, sodass eine Emulsion entsteht. Die Chilischote und die Oliven zugeben. Alles sorgfältig verrühren und bis zum Servieren warm stellen.

Tipp: Die Sauce ist ein toller Begleiter zu gegrilltem Fleisch, vor allem zu Lamm.

Schokoladige Hamburger-Sauce

Zubereitung: 10 Minuten
Für 10 Personen

Zutaten

40 g edelherbe Schokolade Saint Domingue (70 % Kakao)
500 g Salatmayonnaise
50 g Tomatenmark
100 g Tafelmeerrettich
100 g Tomatenketchup | 50 g Honig
Pfeffer, grob gemahlen | Chilipulver
Schokoladensalz
30 g grober Senf
1 TL Kakao-Nibs

▌ Die Schokolade über dem Wasserbad schmelzen. Mit den restlichen Zutaten mit einem Schneebesen gründlich verrühren und die Sauce abschmecken. Die Sauce vor der Verwendung für 1 Tag in den Kühlschrank stellen, damit sich die Aromen verbinden können.

Nugat-Kalbsgulasch mit Pastinakenpüree

Die eher süße, milde Gianduja- oder Nugatschokolade bereichert dieses Gulasch mit ihrem nussigen Geschmack, der vortrefflich mit dem Kalbfleisch harmoniert.

Zubereitung: 3 Stunden
Für 4 Personen

Zutaten

800 g Kalbfleisch aus der Schulter, gewürfelt
2 Schalotten | 2 Knoblauchzehen
4 Zweige Rosmarin | 130 g Gianduja- oder
Nugatschokolade | 30 ml Olivenöl
80 g Butter | 170 ml Sherry Medium Dry
Salz | Pfeffer, frisch gemahlen
2 EL Mirabellenkonfitüre
1,5 l Kalbsfond (aus dem Glas)
30 g Macadamianüsse, geröstet und gehackt

Für das Pastinakenpüree

300 g Pastinaken oder Petersilienwurzeln
80 g Kartoffeln | 2 Schalotten | ½ Zitrone
2 EL Butter | 300 ml Gemüsefond
Salz | Pfeffer, frisch gemahlen

Das Kalbfleisch parieren und in etwa zwei Zentimeter große Würfel schneiden. Die Schalotten und den Knoblauch fein würfeln. Die Rosmarinblätter abzupfen und fein hacken. Die Schokolade fein hacken.

Das Olivenöl in einer Pfanne erhitzen, und das Fleisch darin kräftig anbraten. Die Schalotten mit der Butter zugeben und leicht anbraten. Mit dem Sherry ablöschen, salzen und pfeffern. Den Sherry um die Hälfte reduzieren.

Die Mirabellenkonfitüre, den Knoblauch und den Rosmarin hinzufügen, den Kalbsfond angießen und das Fleisch 1 Stunde leicht köcheln lassen, bis es gar ist. Die Pfanne vom Herd nehmen und die Schokolade sowie die gerösteten Nüsse unterziehen.

Währenddessen für das Püree die Pastinaken oder Petersilienwurzeln, Kartoffeln und Schalotten schälen und würfeln. Die halbe Zitrone über das Gemüse auspressen. Die Butter in einem Topf zerlassen und das Gemüse sowie den Fond zugeben. Das Gemüse etwa 20 Minuten zugedeckt garen, bis es weich ist. Den Topfinhalt mit dem Stabmixer fein pürieren.

Das Gulasch mittig auf vorgewärmte Teller geben und auf jeder Portion drei Nocken Püree anrichten.

Tipps: Für besondere Anlässe garnieren Sie den Tellerrand mit etwas flüssiger Schokolade und ein paar gerösteten Macadamianüssen. Auch Rind oder Wildschwein eignen sich sehr gut.

Weintipp: In Andalusien genießt man zum Essen gerne ein Gläschen Sherry. Im Gegensatz zum Fino ist der Amontillado etwas dunkler, bringt etwas mehr Alkohol mit und schmeckt etwas nussiger und vollmundiger. Unter einem Amontillado versteht man einen gereiften Fino, der am Ende ohne Hefeschicht reifte. Öfters wird ihm eine kleine Menge süßer Sherry von der Pedro-Ximénez- oder Moscatel-Rebsorte beigemischt, damit er ein wenig süßer wird.

Marokkanische Fleischspieße

Die Kakao-Nibs verstärken den Eigengeschmack des Rindfleischs, und die Marinade sorgt für einen orientalischen Touch.

Zubereitung: 30 Minuten
Marinieren: 12 Stunden
Für 4 Personen

Zutaten

750 g Rumpsteak
250 g milder fetter Speck
Salz | 2 EL Olivenöl
4 Zitronenspalten, zum Servieren
Pitabrote zum Servieren

Für die Marinade

1 EL Honig
1 EL Zitronensaft
½ TL Kreuzkümmel
½ TL Cayennepfeffer
½ TL schwarze Pfefferkörner
½ TL Piment
2 EL Kakao-Nibs
1 Gemüsezwiebel, gerieben
2 EL fein gehackte Petersilie, plus etwas zum Garnieren

▌ Die Rumpsteaks parieren und zwei Zentimeter große Würfel schneiden. Den Speck in ½ Zentimeter dicke und zwei Zentimeter große Quadrate schneiden.

▌ Für die Marinade Honig, Zitronensaft, Gewürze und Kakao-Nibs im Mörser zu einer Paste zerreiben und in eine Schüssel, in die das Fleisch hineinpasst, geben. Die geriebene Zwiebel sowie zwei Esslöffel Petersilie hinzufügen. Das Fleisch und den Speck dazugeben und in der Marinade wenden, bis sie damit überzogen sind; mindestens 12 Stunden im Kühlschrank marinieren.

▌ Den Backofen auf höchster Stufe vorheizen. Alternativ, falls vorhanden, den Backofengrill vorheizen. Die Fleischwürfel salzen und abwechselnd mit dem Speck auf vier Spieße stecken.

▌ Eine ofenfeste Grillpfanne mit dem Öl einfetten. Die Spieße hineinlegen und im Ofen von jeder Seite 5 – 7 Minuten grillen.

▌ Die Spieße mit Petersilie bestreuen und sofort servieren. Zu jedem Spieß eine Zitronenspalte und Pitabrot reichen. Zum Essen Zitronensaft über das Fleisch träufeln und die Spieße ganz traditionell aus der Hand verzehren.

Tipp: Am besten gelingen die Spieße, wenn sie hängend im Ofen gegrillt werden. Dann eine Pfanne oder Auflaufform unter die Spieße stellen.

Weintipp: Fantastisch zu Rindfleisch ist ein Syrah! Der kraftvolle Rotwein bringt einen enorm würzigen Duft mit, der vor allem an Pfeffer erinnert und den man wirklich als »fleischig« bezeichnen kann. Klassisch kennen wir ihn von der Rhône oder aus Übersee unter der Bezeichnung Shiraz. Absolut spannende Resultate gibt es mittlerweile in Deutschland!

Orientalische Kalbskoteletts

Die Kakao-Nibs in der Marinade verleihen dem Gericht ein schönes Kakaoaroma, ohne es schokoladenbraun zu färben.

Zubereitung: 25 Minuten
Marinieren: 2 Tage
Für 4 Personen

Zutaten

4 Kalbskoteletts (etwa 2,5 cm dick)
Olivenöl
Petersilie zum Garnieren

Für die Marinade

1 Msp. Kurkuma
1 Msp. frisch gemahlener Kreuzkümmel
1 Msp. frisch gemahlener Bockshornklee
1 Msp. Currypulver guter Qualität (beispielsweise Mumbai-Curry von Ingo Holland)
¼ TL frisch gemahlener Szechuanpfeffer
¼ TL fein gehackte Zitronenverbene oder Zitronengras
1 EL süße Chilisauce
1 Knoblauchzehe, zerdrückt
20 g frischer Ingwer, fein gehackt
20 g Kakao-Nibs, im Mörser fein zerstoßen
2 EL Sojasauce
2 EL flüssiger Honig
4 EL trockener Weißwein
4 EL Erdnussöl
1 Zwiebel, fein gehackt
1 Prise Piment d'Espelette oder mittelscharfes Paprikapulver
einige Tropfen Tabascosauce

Die Koteletts kurz waschen, mit Küchenpapier trocken tupfen und das Fett bis auf einen schmalen Rand entfernen. Den Fettrand mit einem scharfen Messer in regelmäßigen Abständen einritzen, damit sich die Koteletts unter dem Grill nicht wölben.

Sämtliche Zutaten für die Marinade in eine flache Schüssel geben und sorgfältig verrühren. Die Koteletts in die Marinade legen und zugedeckt im Kühlschrank mindestens 2 Tage ziehen lassen.

Den Backofengrill auf hoher Stufe vorheizen. Eine ofenfeste Grillpfanne mit Olivenöl einfetten und erhitzen. Die Koteletts aus der Marinade nehmen, in die Pfanne legen und unter dem Backofengrill von jeder Seite 5 Minuten grillen, dabei mehrmals mit Marinade bestreichen.

Die Koteletts auf eine vorgewärmte Servierplatte legen, mit Petersilie garnieren und sofort servieren. Gut dazu passt frisch geröstetes Weißbrot oder Couscous.

Weintipp: Mit den vielen Gewürzen in der Marinade ist das Gericht wie geschaffen für einen Traminer. In Südtirol darf er in keinem Weingut fehlen. Die Winzer dort bauen ihn größtenteils trocken aus, und sein Duft erinnert an die Weihnachtsbäckerei und an Rosenblätter. Aber keine Sorge, Traminer sind nicht aufdringlich, sondern herzhaft und markant.

Rinderrouladen mit Mangold

Die Kakao-Nibs in den Rouladen unterstützen die Mangoldaromen und sorgen zusätzlich zur Walnuss für kernigen Biss. Die Milchschokolade bereichert die Sauce mit ihrem Kakaogeschmack und verleiht ihr eine cremige Struktur.

Zubereitung: 1 Stunde 40 Minuten
Für 4 Personen

Zutaten

400 g Mangold | 2 EL Walnussöl
1 Knoblauchzehe, gehackt | 250 ml Weißwein
200 g Magerquark | 60 g Walnusskerne
20 g Kakao-Nibs | ½ TL frisch geriebene
Muskatnuss | Salz | schwarzer Pfeffer, frisch
gemahlen | 4 dünne Rinderrouladen
Schokoladensenf | Öl zum Braten
425 ml Brühe | 1 Zwiebel, gewürfelt
100 g Austernpilze, grob gehackt
25 g Vollkornweizenmehl | 1 Gewürznelke
1 Lorbeerblatt | 2 Pimentkörner
Salz | Pfeffer, frisch gemahlen
40 g Milchschokolade (38 % Kakao), gehackt

▌ Den Mangold waschen. In einem großen Topf das Walnussöl erhitzen und den Knoblauch zugeben. 80 Milliliter Weißwein angießen und aufkochen lassen. Den Mangold dazugeben und zugedeckt in 10 Minuten weich dünsten. In ein Sieb geben, gut abtropfen lassen, überschüssige Flüssigkeit herausdrücken und abkühlen lassen.

▌ Den Mangold grob hacken und mit dem Quark in einer Schüssel verrühren. Die Walnüsse hacken, ein paar Kerne für die Garnierung zurückbehalten. Gehackte Walnüsse und Kakao-Nibs zum Mangold geben und mit Muskatnuss, Salz und Pfeffer würzen.

▌ Die Rouladen auf der Arbeitsfläche ausbreiten, dünn mit Schokoladensenf bestreichen und die Füllung darauf verteilen. Die Rouladen aufrollen und mit Holzstäbchen oder Rouladenspießen zusammenhalten. Den Backofen auf 140 °C vorheizen.

▌ Drei Esslöffel Öl in einer großen Pfanne erhitzen und die Rouladen darin rundherum braun braten. Die Rouladen in einen Schmortopf geben, mit 100 Milliliter der Brühe übergießen und etwa 80 Minuten zugedeckt im Ofen schmoren lassen.

▌ Für die Sauce die Zwiebel in der Pfanne bei leichter Mittelhitze 5 Minuten anschwitzen, bis sie leicht gebräunt ist. Die Pilze dazugeben und gut anbraten. Das Mehl darüberstauben und unterrühren. Restliche Brühe und Wein sowie die Gewürze dazugeben. Die Sauce salzen, pfeffern und unter Rühren aufkochen lassen. Vom Herd nehmen und die Schokolade unterziehen.

▌ Die Rouladen auf vier Tellern anrichten und etwas Sauce darüberträufeln. Die restliche Sauce separat dazu reichen.

Passt gut dazu: Köstlich dazu sind die Schokoladenspätzle von Seite 44 und Mangoldgemüse.

Weintipp: Hier kommen Süditaliens Weißweine so richtig zum Zuge. Die Trauben profitieren in ihren hohen oder Meereslagen von den kühlen Nächten beziehungsweise Meeresbrisen. Nehmen Sie einen Greco di Tufo oder Inzolia.

Rinder-Schmortopf mit Haselnuss und Tomaten

Der Kakao würzt das Fleisch und unterstützt seinen Eigengeschmack, während die Haselnussschokolade die Sauce zu einem nussig-schokoladigen Genuss macht.

Zubereitung: 2,5 Stunden
Für 4 Personen

Zutaten

1 kg Rindfleisch

20 g Kakao, schwach entölt

30 g Mehl

Pfeffer, frisch gemahlen

Schokoladensalz

¼ TL Piment d'Espelette

2 EL Sonnenblumen- oder Rapsöl zum Braten

150 g Zwiebeln, in Scheiben geschnitten

50 g Haselnusskerne, gehackt

250 ml Rotwein

300 g Tomaten aus der Dose

2 EL Tomatenmark

½ Würfel Fleischbrühe

50 g edelherbe Nussschokolade
(60 % Kakao), gehackt

▌ Den Backofen auf 130 °C vorheizen. Das Fleisch von Fett und Sehnen befreien und in zwei bis drei Zentimeter große Würfel schneiden. Den Kakao, das Mehl, reichlich Pfeffer, Schokoladensalz und den Piment d'Espelette in einem Gefrierbeutel mischen. Die Fleischstücke hinzufügen und darin schütteln, bis sie ringsum mit der Gewürzmischung bedeckt sind.

▌ Je einen Esslöffel Öl in eine Pfanne und in einen ofenfesten Schmortopf geben. Das Öl in der Pfanne erhitzen und die Zwiebeln darin weich und glasig schwitzen. Die Haselnüsse unterrühren. Mit einem Schaumlöffel herausnehmen und in eine Schüssel geben.

▌ Das Fleisch in zwei Portionen teilen und überschüssige Gewürzmischung abschütteln. Je eine Portion in dem heißen Öl in der Pfanne und in dem Topf kräftig anbraten. Sämtliches Fleisch mit der Zwiebel-Nuss-Mischung in den Schmortopf geben. Den Wein, die Tomaten, das Tomatenmark und den Brühwürfel dazugeben und das Fleisch zugedeckt 1 Stunde im Ofen garen.

▌ Den Topf aus dem Ofen nehmen, die gehackte Schokolade unterrühren und alles zugedeckt weitere 20 Minuten im Ofen garen. Aus dem Ofen nehmen und sofort servieren.

Passt gut dazu: Als Beilage passen Kartoffelklöße, Semmelknödel oder auch die Schokoladen-Pfeffernudeln von Seite 48 sehr gut dazu.

Weintipp: Tomaten kommen mit Weißweinen meist nicht gut zurecht, von daher nehmen Sie unbedingt einen leichteren Rotwein. Ähnlich dem Spätburgunder, aber noch etwas fruchtiger präsentiert sich Frühburgunder von der Ahr. Schon in jungen Jahren ist er samtig, weich und rund.

Geschmorte Ochsenbacken mit Schokolade in Banyulssauce

Schokolade von Kakaobohnen aus São Tomé ist mit ihrem intensiven Kakaoaroma und ihrer cremigen Beschaffenheit auch pur ein köstlicher Begleiter zu dem französischen Süßwein Banyuls.

Zubereitung: 3 ½ Stunden
Marinieren: 2 – 3 Tage
Für 4 Personen

Zutaten

60 g Karotte | 60 g Petersilienwurzel
100 g Schalotten | 200 ml Rotwein
(beispielsweise Spätburgunder)
1 – 2 EL Balsamico- oder Lembergeressig
5 Koriandersamen | 3 Pimentkörner
2 grüne Kardamomkapseln, aufgebrochen
3 Gewürznelken | 1 Bund Petersilie
Schale von ½ unbehandelten Zitrone
½ TL Meersalz | 800 g Ochsenbacken
Pfeffer, frisch gemahlen | Schokoladensalz
30 g Butterschmalz | 1 EL Tomatenmark
850 ml Rinder- oder Kalbsfond (aus dem Glas)
150 ml Banyuls (Süßwein)
45 g edelherbe Schokolade aus São Tomé
(70 % Kakao), gehackt
20 g Beurre manié (Mehlbutter; 10 g Butter mit
10 g Mehl verknetet) aus dem Kühlschrank

⦙ Karotte, Petersilienwurzel und Schalotten schälen und klein würfeln. Mit dem Rotwein, Essig, den Gewürzen, der Petersilie, der Zitronenschale und dem Salz in einem Edelstahltopf gut verrühren. Die Ochsenbacken hineinlegen und im Kühlschrank 2 – 3 Tage marinieren, dabei öfter wenden.

⦙ Das Fleisch aus der Marinade nehmen; trocken tupfen, kräftig pfeffern und mit Schokoladensalz nachwürzen. Die Marinade durch ein Sieb gießen. Marinade und Rückstände im Sieb aufbewahren.

⦙ Das Butterschmalz in einem Bräter nicht zu stark erhitzen und das Fleisch darin rundherum anbraten; herausnehmen. Die Gewürze und das Gemüse aus der Marinade sowie das Tomatenmark in dem Bräter kurz anbraten. Mit der Marinade ablöschen und mit dem Fond und Banyuls auffüllen. Das Fleisch wieder in den Bräter geben und zugedeckt bei schwacher Hitze 2,5 Stunden schmoren lassen, bis es weich ist, am besten probieren.

⦙ Das Fleisch aus der Sauce nehmen, in eine Schüssel geben und zugedeckt warm halten. Die Sauce durch ein Sieb gießen, das Gemüse in die Sauce passieren und diese bei schwacher Hitze auf die Hälfte einkochen. Die Schokolade und die Mehlbutter unterrühren, um die Sauce zu binden. Mit Schokoladensalz und Pfeffer abschmecken. Das Fleisch in Scheiben schneiden, anrichten und mit der Sauce servieren.

Passt gut dazu: Als Beilagen empfehlen sich gebratene Polentaschnitten, Kartoffelpüree oder -klöße sowie das Gurken-Schokoladen-Gemüse von Seite 40.

Weintipp: Banyuls fällt als Getränk zu den Ochsenbacken zu süß aus, greifen Sie zum trocken ausgebauten Collioure.

Chili con Carne

Die getrockneten, geriebenen Kakao-Nibs bringen ein intensives Kakaoaroma, aber keine Süße in das Gericht und ergänzen die Chilischärfe vortrefflich.

Zubereitung: 2 Stunden
Für 4 Personen

Zutaten

900 g mageres Rindfleisch
4 EL Schmalz oder Olivenöl
1 frische Chilischote (ersatzweise mexikanisches Chilipulver)
1 Gemüsezwiebel, fein gehackt
4 Knoblauchzehen, fein gehackt
425 ml Rinderfond
150 ml Rotwein
40 g Kakao-Nibs
1 EL Mehl
2 Lorbeerblätter
¼ TL Kreuzkümmel
½ TL getrockneter Oregano
Salz
schwarzer Pfeffer, frisch gemahlen
400 g Kidneybohnen (aus der Dose)
Chilifäden zum Garnieren

❚ Das Fleisch in kleine Würfel schneiden, dabei sämtliches Fett entfernen. Das Schmalz oder Öl in einem großen Topf erhitzen und eine Hälfte der Fleischwürfel 6 – 8 Minuten kräftig darin anbraten, sodass sie rundherum bräunen. Das Fleisch mit einem Schaumlöffel herausnehmen und warm halten. Das restliche Fleisch anbraten, ebenfalls herausnehmen und warm stellen.

❚ Die Chilischote längs halbieren, von den Samen befreien und hacken. Zwiebel, Knoblauch und die gehackte Cillischote in dem Topf in 4 – 5 Minuten goldbraun anbraten. Das Fleisch wieder in den Topf geben, mit Rinderfond und Rotwein bedecken und langsam zum Kochen bringen. Die Hitze reduzieren und das Chili con Carne zugedeckt etwa 30 Minuten köcheln lassen.

❚ Die Kakao-Nibs im Mörser fein zerstoßen, in den Topf geben und sorgfältig unterrühren. In einer Schale das Mehl und etwas von der Kochflüssigkeit verrühren. Die Mischung mit den Lorbeerblättern, dem Kreuzkümmel und dem Oregano gut unter das Chili rühren. Mit Salz und Pfeffer würzen und erneut 1 Stunde köcheln lassen, bis das Fleisch ganz zart ist. 5 Minuten vor Ende der Garzeit die Bohnen hinzugeben und kurz mitköcheln lassen.

❚ Vor dem Servieren erneut abschmecken, mit Chilifäden garnieren und heiß zu Tisch bringen.

Passt gut dazu: Köstlich dazu ist ein herzhaftes Mischbrot, aber auch Kartoffeln oder ein anderes Brot Ihrer Wahl sind geeignet.

Weintipp: Dazu gehört ein einfacher (nicht zu teurer) roter Bordeaux. Er steht in jedem Weinregal. Die Bordeauxweine sind berühmt für ihre Assemblage von Cabernet Sauvignon, Merlot, Cabernet Franc und manchmal etwas Petit Verdot oder Malbec. Heraus kommen charaktervolle, aber dennoch elegante Weine.

Wild & Lamm

Wild und Lamm dürfen natürlich auch nicht fehlen.
Sie sind das ultimative Muss und eigentlich ein
Klassiker der gehobenen Küche! Um diese beiden
überhaupt erst richtig zur Geltung zu bringen,
ist die Zugabe von Schokolade fast schon unab-
dingbar. Dabei dient Schokolade nicht nur zum
Abbinden der Soße, sondern hebt den einzig-
artigen Geschmack von Lamm und Wild auf gran-
diose Weise hervor. Sobald Sie diese Kombination
einmal ausprobiert haben, werden Sie Lamm und
Wild niemals mehr ohne Schokolade zubereiten.

Hirschrücken mit Holunder-Kardamom-Schokoladensauce

Die kräftigen Aromen in diesem Gericht fordern einen ebenbürtigen Gegenspieler. Die edelherbe Schokolade aus Mexiko schmeckt zugleich fruchtig und dennoch intensiv nach Kakao und harmoniert perfekt mit den Holunder- und Hirscharomen.

Zubereitung: 3 Stunden 50 Minuten
Für 4 Personen

Zutaten

1 kg Hirschrücken mit Knochen (vom Metzger auslösen und Knochen klein hacken lassen)
1 kleine Zwiebel | 60 g Karotte | 60 g Knollensellerie | 60 g Petersilienwurzel | 4 EL Butterschmalz | 1 EL Rohrzucker | 2 EL Tomatenmark
350 ml kräftiger Rotwein | 1 l Wildfond
1 EL Wacholderbeeren | ½ EL grüne Kardamomkapseln | 3 Zweige Rosmarin | 3 Zweige Thymian | 2 Lorbeerblätter | 2 Gewürznelken
2 Pimentkörner | 1 TL Koriander
130 g dunkles Holundermark oder -gelee
50 g edelherbe Schokolade aus Mexiko (85 % Kakao) | 40 g Butter | 10 g Kakao
1 TL Cassis- oder Rote-Johanisbeeren-Gelee
Meersalz | Pfeffer, frisch gemahlen
30 ml Portwein

▌ Den Hirschrücken parieren und säubern. Zwiebel, Karotte, Sellerie und Petersilienwurzel schälen und grob würfeln. Zwei Esslöffel Butterschmalz in einem Bräter erhitzen. Die Knochen und Fleischabschnitte darin scharf anbraten. Das Gemüse zugeben und kräftig anbraten. Den Zucker darin karamellisieren lassen. Das Tomatenmark unterrühren. Mit Rotwein ablöschen und den Fond dazugießen.

▌ Die Wacholderbeeren anquetschen und die Kardamomkapseln aufdrücken. Beides zusammen mit jeweils zwei Zweigen Rosmarin und Thymian und den restlichen Gewürzen in den Bräter geben. Das Holundermark oder -gelee unterrühren und alles etwa 3 Stunden sanft köcheln lassen.

▌ Die Sauce passieren und auf ein Drittel einkochen lassen. Die Schokolade klein hacken. Die Butter würfeln und im Kakao wälzen. Beides mit dem Cassisgelee in die Sauce rühren, sodass diese bindet. Mit Salz und Pfeffer abschmecken und warm stellen.

▌ Den Backofen auf 80 °C vorheizen. Den Hirschrücken mit Salz und Pfeffer würzen. Das restliche Butterschmalz in einer Pfanne erhitzen, und den Rücken darin rundherum in 2–3 Minuten scharf anbraten. Das Fleisch zusammen mit den restlichen Kräuterzweigen in Alufolie einschlagen und im warmen Backofen rund 25 Minuten ziehen lassen.

▌ Den Bratensatz in der Pfanne mit dem Portwein ablöschen, losrühren und unter die Sauce ziehen. Den fertig gegarten Hirschrücken in Scheiben schneiden und auf Tellern anrichten.

Passt gut dazu: Perfekt dazu passen Brezenknödel oder Spätzle und bissfest gegarter Romanesco oder Brokkoli, die kurz in Butter geschwenkt wurden.

Weintipp: Kräftige Zweigelt-Rotweine aus Österreich passen geradezu optimal zu Wildgerichten!

Hirschragout mit Kaffeepflaumen und Bratapfel

Die edelherbe Schokolade mit Weihnachtsgewürzen ist nicht nur pur ein Genussvergnügen, sondern insbesondere auch als Würze zum Hirsch.

Zubereitung: 2 Stunden
Ziehen: 3 Stunden
Für 4 Personen

Zutaten

1 EL brauner Zucker
100 ml frisch gebrühter Espresso
100 g getrocknete Pflaumen, halbiert
200 g Zwiebeln | 75 g Knollensellerie
50 g Pastinake oder Petersilienwurzel
5 EL Butterschmalz | 800 g Hirschgulasch
3 EL Tomatenmark | 3 Lorbeerblätter
8 Wacholderbeeren | 5 Pimentkörner
1 Zimtstange | 4 Gewürznelken
3 TL Kakao-Nibs | 450 ml Wildfond
300 ml Spätburgunder, halbtrocken
Meersalz | schwarzer Pfeffer, frisch gemahlen
100 g edelherbe Schokolade (70 % Kakao; gerne mit weihnachtlichen Gewürzen aromatisiert), gehackt
2 – 3 Äpfel | 2 EL Sauerkirschkonfitüre

▌ Den Zucker in dem heißen Kaffee in einem kleinen Topf auflösen, die halbierten Pflaumen hineingeben und etwa 3 Stunden darin ziehen lassen. Dann die Pflaumen in dem Kaffee köcheln lassen, bis nahezu keine Flüssigkeit mehr im Topf ist; warm stellen.

▌ Die Zwiebeln und das Wurzelgemüse schälen und klein würfeln. Drei Esslöffel Butterschmalz in einem Bräter erhitzen und das Fleisch darin kräftig anbraten: Mit dem Schaumlöffel herausheben. Die Zwiebeln und das Wurzelgemüse in dem Bräter anbraten. Das Tomatenmark hinzufügen, die Temperatur reduzieren und das Fleisch zurück in den Bräter geben.

▌ Die Gewürze und Kakao-Nibs in ein Kräutersäckchen füllen und dieses mit dem Wildfond in den Bräter geben. Den Wein dazugießen und das Ragout bei schwacher Hitze etwa 1 Stunde köcheln lassen, bis das Fleisch weich, aber nicht verkocht ist.

▌ Die Gewürze aus dem Bräter nehmen und die Sauce mit Salz und Pfeffer abrunden. Die gehackte Schokolade sowie die Kaffeepflaumen unter das Ragout ziehen, aber nicht kochen lassen.

▌ Die Äpfel schälen, vom Kerngehäuse befreien und in Scheiben schneiden. Die Apfelscheiben in zwei Esslöffeln Butterschmalz anbraten, mit Sauerkirschkonfitüre glasieren und leicht schmoren lassen. Das Ragout mit den Äpfeln auf Tellern anrichten.

Passt gut dazu: Als Beilage eignen sich die Schokoladen-Pfeffernudeln von Seite 48 oder das Kartoffelpüree mit Kakao-Nibs von Seite 47.

Weintipp: Hierzu gehört ein Merlot! Mittlerweile gibt es in Deutschland großartige Merlots. Sie imponieren mit ihrem tiefdunklen Rot und süßlichen Duft von eingelegten Pflaumen. Geschmacklich präsentieren sie sich mit opulenter Fruchtigkeit.

Hirschgeschnetzeltes in Mango-Ananas-Sauce mit Schokolade

Die leicht bittere Note der Schokolade aus Uganda passt sowohl zum Rettich als auch zum Geschnetzelten sehr gut.

Zubereitung: 1 Stunde
Marinieren: 2 Stunden
Für 4 Personen

Zutaten

600 g Hirschgeschnetzeltes aus der Keule ohne Sehnen | 2 Msp. geriebener Ingwer
1 Msp. gemahlener Zimt | 4 Wacholderbeeren, im Mörser fein zerstoßen | 1 Salbeiblatt
½ TL gehackter Rosmarin | Schokoladensalz
Pfeffer, frisch gemahlen
4 EL Butter oder Kakaobutter
200 g weißer Rettich, gewürfelt
30 g Zwiebel, gewürfelt
150 g Ananaswürfel (frisch oder aus der Dose)
120 ml Rotwein
500 ml Wild- oder Kalbsfond
3 TL Mangochutney
40 g edelherbe Schokolade aus Uganda (85 % Kakao), gehackt | 100 ml Sahne, geschlagen | 50 ml Portwein

▌ Das Fleisch in kleine Würfel schneiden und mit dem Ingwer, Zimt, Wacholderbeeren, Salbei, Rosmarin sowie etwas Schokoladensalz und Pfeffer sorgfältig vermischen und 2 Stunden marinieren.

▌ Wasser in einem Topf aufkochen. Etwas Salz und einen Esslöffel Butter hineingeben und den Rettich darin kurz blanchieren; abtropfen lassen.

▌ Einen Esslöffel Butter oder Kakaobutter in einer Pfanne erhitzen und das Fleisch darin kurz anbraten. Aus der Pfanne nehmen und beiseitestellen.

▌ Erneut einen Esslöffel Butter in der Pfanne zerlassen und die Zwiebelwürfel darin glasig schwitzen. Die Ananaswürfel zugeben, kurz anbraten und mit dem Rotwein ablöschen. Den Wild- oder Kalbsfond angießen. Das Mangochutney und die Hälfte der Schokolade zugeben und die Sauce etwas einkochen lassen. Falls sie zu flüssig ist, leicht mit etwas Mehlbutter binden. Das Geschnetzelte in die Sauce geben, kurz aufkochen lassen und die Sahne unterziehen.

▌ Den Portwein und einen Esslöffel Butter aufkochen und zur Hälfte reduzieren lassen. Die restliche gehackte Schokolade einrühren, den Rettich unterziehen und das Gemüse kurz aufkochen lassen. Das Geschnetzelte mit dem Gemüse auf Tellern angerichtet oder in Schüsseln servieren.

Passt gut dazu: Hervorragend schmecken knusprige Bratkartoffeln zu dem Geschnetzelten.

Weintipp: Die intensive Fruchtsauce macht es dem Wein nicht ganz einfach. Shiraz aus Übersee kommt wie eine Geheimwaffe! Mit seiner intensiven Fruchtigkeit nimmt er es locker mit der Sauce auf. Zudem wirkt Shiraz meist etwas »wild« und wird immer als »pfeffrig« beschrieben – alles, was so ein Wildgericht braucht.

Rehmedaillon-Rosmarin-Spieße mit Karotten-Pfifferling-Gemüse

Die aromatische Milchschokolade harmoniert mit ihren kräftigen Malz- und Karamellnoten mit dem Rehfleisch. Man kann auch eine klassische Schokolade verwenden. Es sollte aber eine hochwertige Sorte mit mindestens 40 % Kakao sein.

Zubereitung: 1 Stunde
Für 4 Personen

Zutaten

800 g ausgelöster Rehrücken (küchenfertig vorbereitet) | 8 dünne Scheiben durchwachsener Speck | 4 Zweige Rosmarin (10 – 12 cm lang)
Schokoladensalz | Pfeffer, frisch gemahlen
500 g Pfifferlinge | 1 Zwiebel
60 g Butter | 4 EL Öl zum Braten | Salz
500 g schlanke Bundkarotten | 1 EL Zucker
150 ml Orangensaft | ½ Bund Basilikum,
Blätter abgezupft | 50 g Milchschokolade Rio Huimbi aus Ecuador (42 % Kakao), gehackt
20 g edelherbe Schokolade (70 % Kakao), geraspelt | 250 ml Rotwein
250 ml Sahne oder Sauerrahm
Speisestärke oder Beurre manié (Mehlbutter)

Das Fleisch in 16 gleich große Stücke schneiden. Die Speckscheiben längs halbieren und jedes Fleischstück damit umwickeln. Die Rosmarinzweige am Ende leicht anspitzen. Auf jeden Zweig vier Fleischstücke stecken, mit Schokoladensalz und Pfeffer würzen und zugedeckt beiseitestellen.

Die Pfifferlinge putzen, kurz waschen und gut abtropfen lassen. Größere Pilze halbieren. Die Zwiebel fein würfeln. Je einen Esslöffel Butter und Öl in einer großen Pfanne erhitzen. Die Pfifferlinge darin unter Rühren kurz anbraten, die Zwiebel zugeben und mitbraten. Salzen, pfeffern und beiseitestellen.

Die Bundkarotten schälen, dabei einen Zentimeter Grün stehen lassen. Dann längs halbieren und schräg in vier Zentimeter große Stücke schneiden. Die restliche Butter in einer großen Pfanne erhitzen. Die Karotten hineingeben, den Zucker darüberstreuen und kurz karamellisieren lassen. Mit Orangensaft ablöschen und zugedeckt 4 – 5 Minuten bei mittlerer Hitze garen; salzen und pfeffern. Während das Gemüse gart, die Basilikumblätter grob schneiden.

Die Pilze zum Gemüse geben und 5 Minuten zugedeckt dünsten. Zum Schluss das Basilikum mit der gehackten Milchschokolade unterheben.

Während die Pilze garen, das restliche Öl in einer großen Pfanne erhitzen. Die Rehspieße darin bei mittlerer Hitze auf jeder Seite 3 – 4 Minuten braten, dann ein wenig von der geraspelten edelherben Schokolade darüberstreuen. Die Rehspieße auf dem Gemüse anrichten.

Den Rotwein in die Pfanne gießen und kurz einkochen lassen. Die Sahne dazugeben, die Sauce erneut aufkochen lassen, mit in Wasser angerührter Speisestärke oder Mehlbutter binden und mit der restlichen geraspelten Schokolade abrunden. Die Sauce extra zu den Spießen servieren.

Rehkeule in Preiselbeer-Schokoladen-Sauce

Die feinherbe Bolivia ist eine der edelsten Schokoladen. Sie liefert ein feinfruchtiges Schokoladenaroma und unterstützt die Fruchtaromen der Preiselbeeren.

Zubereitung: 2 Stunden
Marinieren: 2 – 3 Tage
Für 4 Personen

Zutaten

1,5 kg Rehkeule, gut abgehangen
125 g Butter | 1 EL Preiselbeergelee
2 EL Dijonsenf | 40 g edelherbe Schokolade
aus Bolivien (70 % Kakao), gehackt

Für die Marinade

600 ml trockener Rotwein | 75 ml Weinbrand
2 EL Olivenöl | 1 große Zwiebel, in dünne
Scheiben geschnitten | 2 Lorbeerblätter
4 große Thymianzweige | Muskatnuss, frisch
gerieben | 1 Tonkabohne | 1 Knoblauchzehe,
zerdrückt | 6 schwarze Pfefferkörner,
zerstoßen | 3 EL Kakao-Nibs | 1 Prise Salz

▌ Sämtliche Zutaten für die Marinade vermischen. Die Rehkeule in einer Edelstahlschüssel oder einer sauberen Kunststoffbox mit der Marinade übergießen und 2 – 3 Tage zugedeckt im Kühlschrank marinieren, dabei öfter wenden.

▌ Den Ofen auf 180 °C vorheizen. Die Butter in einem Bräter zerlassen. Die Rehkeule aus der Marinade nehmen und trocken tupfen. Das Fleisch im Bräter sorgsam rundherum anbraten und dann 1 – 1 ½ Stunden im Ofen braten, dabei

regelmäßig mit der Garflüssigkeit begießen, eventuell weitere Butter hinzugeben. Die Marinade durch ein Sieb gießen und beiseitestellen.

▌ Den fertigen Braten auf eine vorgewärmte Servierplatte legen. Die Ofentemperatur auf 80 °C reduzieren und das Fleisch im Ofen warm stellen.

▌ Für die Sauce die Marinade in den Bräter gießen und bei starker Hitze 2 – 3 Minuten einkochen lassen. Wenn die Sauce etwas reduziert ist, das Preiselbeergelee, den Senf und die gehackte Schokolade unter Rühren darin auflösen. Die Sauce in eine vorgewärmte Sauciere geben und zu dem Braten reichen.

Passt gut dazu: Köstlich zu dieser Rehkeule sind die Preiselbeer-Schoko-Tartelettes (siehe Seite 44). Aber auch ein klassischer Salat passt hervorragend dazu.

Weintipp: Spannend hierzu ist ein Rotwein aus der Toskana. Bei den klassischen Weinen dominiert die Rebsorte Sangiovese, welche oft nach roten Beeren riecht und eine lebendige, frische Gerbsäure besitzt. Letztere macht nicht nur die Rehkeule sehr bekömmlich, sondern gibt den Frischekick zu den Tartelettes. Klassiker sind Chianti, Vino Nobile di Montepulciano oder Brunello di Montalcino. Bei letzteren beiden bringen die Winzer seit einigen Jahren einen Rosso auf den Markt. Diese »Zweitweine« sind nicht nur günstiger, sondern meist auch fruchtiger und frischer.

Rehnockerln mit edelherber Schokolade

Zubereitung: 30 Minuten
Für 4 Personen

Zutaten

500 g Rehfleisch, sauber pariert
2 Eier | 150 ml Sahne
100 g Magerquark
40 g Schokolade aus Venezuela
(70 % Kakao), fein gehackt
10 g Kakao-Nibs
etwas Wacholder, Rosmarin, Salbei,
Schokoladensalz
Pfeffer, fein gemahlen
1 l Fleisch- oder Gemüsebrühe

▌ Das Fleisch durch die feine Lochscheibe des Fleischwolfs drehen. In eine Schüssel geben und mit sämtlichen anderen Zutaten außer der Brühe verkneten.

▌ Die Fleischmasse kurz im Gefrierschrank sehr kalt werden lassen. Herausnehmen und im Küchenmixer zu einer feinen Farce zerkleinern, eventuell etwas nachwürzen.

▌ Die Brühe auf dem Herd erhitzen. Von der Farce mit einem Esslöffel Nocken abstechen und in die siedende Brühe geben (siehe Foto). Die Nocken 2 Minuten ziehen lassen, aber nicht kochen.

Tipps: Wer keinen Küchenmixer hat, kann das Fleisch auch zweimal durch den Fleischwolf drehen. Statt Reh fleisch eignen sich ebenso Hirsch- oder Kaninchenfleisch für die Nocken.

Rehrückenfilet in Kräuter-Kartoffel-Kruste

Zubereitung: 1 Stunde 20 Minuten
Für 4 Personen

Zutaten

200 g Rehfleisch
2 Eier | 80 ml Sahne
Gewürzmischung aus Wacholder, Rosmarin, Salbei, Thymian, Lorbeer, Schokoladensalz, Pfeffer | 50 g TK-Blattspinat, aufgetaut, ausgedrückt und gehackt | 50 g Petersilie, fein gehackt
600 g Kartoffeln, geschält
Schokoladensalz | Salz | Pfeffer, frisch gemahlen | 60 g magerer Bauchspeck, gewürfelt | ½ TL Kakao-Nibs, im Mörser fein zerstoßen | 30 g edelherbe Schokolade aus Tansania (75 % Kakao), gehackt
400 – 500 g Rehrückenfilet, küchenfertig vorbereitet
Pflanzenöl zum Braten
Weißbrotbrösel, fein gerieben

▌ Das Fleisch durch die feine Scheibe des Fleischwolfs drehen und mit den Eiern, der Sahne sowie etwas Gewürzmischung verkneten. Die Masse im Gefrierschrank eiskalt werden lassen und dann im Küchenmixer zu einer feinen Farce verarbeiten, abschmecken. Den Spinat und die Petersilie unterarbeiten und die Farce in den Kühlschrank stellen.

▌ Die Kartoffeln reiben und ausdrücken. Mit etwas Schokoladensalz, Salz und Pfeffer würzen und den Bauchspeck zugeben. Die Masse fünf Millimeter dick auf Frischhaltefolie streichen und andrücken. Mit den Kakao-Nibs und der Schokolade bestreuen.

▌ Das Rehrückenfilet mit der Gewürzmischung einreiben. Das Öl in einer Pfanne erhitzen und das Filet darin kurz anbraten; herausnehmen und abkühlen lassen.

▌ Das gekühlte Rehrückenfilet in den Bröseln wenden und mit der Farce nicht zu dick überziehen. Auf die Kartoffelmasse legen und rundherum damit ummanteln.

▌ Etwas Öl in der Pfanne erhitzen, das eingehüllte Filet darin anbraten und auf ein Backblech legen. Im Ofen bei 145 °C Umluft 12 – 14 Minuten backen.

Passt gut dazu: Braten Sie dazu gewürfelten Hokkaido kürbis in Butter an und würzen Sie ihn mit ein wenig Ingwer, Chilischote, Salz, Pfeffer und Kardamom sowie etwas edelher ber Schokolade aus Bolivien und einem Esslöffel Ahornsirup.

Rehsauerbraten

Edelschokolade aus Tansania hat eine besonders fruchtige Note, ein Aroma, das an rote Beeren erinnert und eine schöne und markante Kakaosäure. Die Kakao-Nibs bringen Kakaoaromen in die Marinade, ohne zu färben.

Zubereitung: 3 Stunden
Marinieren: 2 – 3 Tage
Für 4 Personen

Zutaten

Für die Marinade

50 g Karotte | 50 g Knollensellerie
100 g Zwiebeln oder Schalotten
300 ml kräftiger Rotwein | 2 EL Balsamicoessig
2 Zweige Rosmarin | 2 Zweige Thymian
4 Lorbeerblätter | 1 EL Wacholderbeeren
3 Gewürznelken | 3 EL Kakao-Nibs | Meersalz
Pfeffer, frisch gemahlen

Für den Braten

800 g Rehfleisch aus der Keule (am besten
Nüsschen) | 30 g Butterschmalz
1 EL Tomatenmark
1 – 2 EL Apfelkraut (ersatzweise Sauerkraut)
1 l Wildfond | 30 g edelherbe Schokolade
aus Tansania (75 % Kakao), gehackt
2 EL kalte Butter, klein gewürfelt
Meersalz | Pfeffer, frisch gemahlen

Für die Marinade Gemüse und Zwiebeln schälen und zentimetergroß würfeln. Mit Rotwein, Essig, Kräutern, Lorbeerblättern, Wacholderbeeren, Nelken und Kakao-Nibs verrühren, mit einer Prise Meersalz und Pfeffer würzen. Das Fleisch hineinlegen und zugedeckt für 2 – 3 Tage kühl stellen.

Das Fleisch aus der Marinade nehmen und trocken tupfen. Die Marinade durch ein Sieb gießen. Die festen Zutaten und die Marinade beiseitestellen. Das Butterschmalz in einem Bräter erhitzen und das Fleisch darin rundherum scharf anbraten. Herausnehmen und beiseitestellen.

Gemüse, Kräuter und Gewürze aus der Marinade in den Bräter geben und kurz darin anbraten. Das Tomatenmark und das Apfelkraut unterrühren und etwa 2 Minuten karamellisieren lassen. Mit der Marinade ablöschen und den Fond zugießen. Das Fleisch hineinlegen und zugedeckt bei schwacher Hitze etwa 1 Stunde schmoren lassen, bis es weich ist.

Das Fleisch aus dem Garsud nehmen und zugedeckt warm stellen. Den Sud durch ein Sieb in einen Topf passieren und bei schwacher Hitze in etwa 20 Minuten auf die Hälfte einkochen. Die Schokolade und die Butterwürfel unterrühren. Mit Meersalz und Pfeffer würzen.

Passt gut dazu: Als Beilage eignen sich Kartoffelpüree, Semmelknödel oder Spätzle und leicht angebratene Kürbisspalten.

Weintipp: Wenn ich an einen kräftigen Rotwein denke, der schon im Duft an Nelken, Wacholder und dunkle Schokolade erinnert, habe ich sofort einen Lemberger aus Baden Württemberg vor Augen. In Österreich wird er Blaufränkisch genannt, und im Burgenland läuft er zur Hochform auf.

Kaninchen in Portwein

Wildschokolade aus Bolivien ist eine ganz weiche und dezente dunkle Schokolade mit wenig Tanninen und Gerbstoffen und passt einfach toll zu dem Kaninchen.

Zubereitung: 1 Stunde 30 Minuten
Für 4 Personen

Zutaten

½ Kaninchen, zerlegt

etwas Mehl mit Salz, Pfeffer und Kakao gewürzt

3 EL Bratöl oder 50 g Butterschmalz

2 Karotten, klein geschnitten

2 Zwiebeln, gehackt

1 Stange Staudensellerie, klein geschnitten

500 ml Wildfond

1 Bouquet garni

Salz

schwarzer Pfeffer, frisch gemahlen

100 ml Portwein

1 EL Johannisbeergelee

30 g edelherbe Schokolade Bolivia
(70 % Kakao), gehackt

Den Backofen auf 160 °C vorheizen. Die Kaninchenteile in dem gewürzten Mehl wälzen.

Das Öl oder Butterschmalz in einem großen feuerfesten Topf erhitzen. Das Fleisch darin gleichmäßig bräunen. Karotten, Zwiebeln und Sellerie dazugeben und 5 Minuten anbraten.

Die Brühe über das Fleisch gießen, das Bouquet garni dazugeben und mit Salz und Pfeffer würzen. Das Fleisch zugedeckt 1 Stunde im Ofen garen, bis es sich leicht von den Knochen lösen lässt.

Den Topf aus dem Ofen nehmen. Das Fleisch aus der Brühe nehmen und warm halten. Den Portwein, das Gelee und die Schokolade in die Flüssigkeit rühren und die Sauce abschmecken. Das Fleisch wieder in die Sauce geben und alles bei schwacher Hitze etwa 5 Minuten erwärmen, aber nicht kochen.

Passt gut dazu: Als Beilage schmeckt Polenta am besten dazu.

Weintipp: Richtig spannend sind zurzeit die Rotweine aus dem Dourotal. Früher kannte man die Weinregion nur als Heimat des Portweins. Die autochthonen Rebsorten, also Reben, die in dieser Region beheimatet und nur dort anzutreffen sind, wachsen dort auf Schieferböden. Sie halten sich viele Jahre jung, und sie weisen eine eher kühlere Stilistik auf – geschliffen und elegant.

Kaninchenkeulen in Schokoladensauce

Schokolade von Kakaobohnen aus Peru hat ein fruchtiges, leicht würziges Geschmacksbild, welches hervorragend zu dieser aromatischen Rotweinsauce passt.

Zubereitung: 3 Stunden
Für 4 Personen

Zutaten

4 Kaninchenkeulen
Salz | weißer Pfeffer, frisch gemahlen
2 EL Butterschmalz
500 ml Rotwein
1 große Zwiebel
2 Knoblauchzehen
2 rote Chilischoten
70 g edelherbe Schokolade aus Peru
(70 % Kakao)
1 l Wildfond
1 Zweig Rosmarin
2 Zweige Thymian
2 Lorbeerblätter
10 weiße Pfefferkörner
2 Gewürznelken
½ Zimtstange

▌ Die Kaninchenkeulen salzen und pfeffern. Das Butterschmalz in einem Schmortopf erhitzen und die Kaninchenkeulen darin von beiden Seiten scharf anbraten, sodass sie leicht gebräunt sind. Mit Rotwein ablöschen und bei schwacher Hitze köcheln lassen, bis der Rotwein um zwei Drittel eingekocht ist.

▌ Inzwischen die Zwiebel und den Knoblauch schälen. Die Zwiebel halbieren und in Streifen schneiden. Die Chilischoten waschen und von den Samen und weißen Scheidewänden befreien. Die Schokolade fein reiben und beiseitestellen.

▌ Den Wildfond zu den Kaninchenkeulen gießen. Zwiebelstreifen, Chilischoten, Knoblauch, Rosmarin, Thymian, Lorbeerblätter, Pfefferkörner, Nelken und Zimt dazugeben und die Keulen zugedeckt bei mittlerer Hitze etwa 1 Stunde schmoren, bis sie weich sind.

▌ Die Keulen aus dem Topf nehmen und warm stellen. Die Garflüssigkeit durch ein Sieb passieren und in einem zweiten Topf auffangen. Bei mittlerer Hitze auf 400 Milliliter einkochen lassen. Die Schokolade einrühren und die Sauce mit Salz und Pfeffer abschmecken.

Passt gut dazu: Köstlich dazu sind die angebratenen Kakaognocchi mit Kakao-Nibs von Seite 48.

Weintipp: Ein fruchtiger, nicht zu schwerer Rotwein, wie wir ihn in Europa kultivieren, macht das Gericht perfekt. Die Nebbiolo-Weine aus dem Piemont bringen eine feine Fruchtigkeit mit und wirken nicht zu übermächtig.

Wildschweinragout mit Kürbis und Madagaskar-Schokolade

Die kräftige Säure der Madagaskar-Schokolade passt sehr gut zum Wildschwein.

Zubereitung: 1 Stunde 20 Minuten
Für 4 Personen

Zutaten

1 kg ausgelöste Wildschweinschulter
150 g Karotte
150 g Petersilienwurzel
100 g Gemüsefenchel
200 g Hokkaidokürbis
40 g Butterschmalz
15 g Mumbai-Curry
500 ml Fleischbrühe
80 g Schokolade aus Madagaskar
(70 % Kakao), gehackt
Schokoladensalz
Pfeffer, frisch gemahlen
1 EL geröstete Pinienkerne

▌ Das Wildschweinfleisch in mundgerechte Würfel schneiden. Das Wurzelgemüse, den Fenchel und den Kürbis schälen oder abbürsten, putzen und in etwa ein Zentimeter große Würfel schneiden.

▌ Das Butterschmalz in einem Topf erhitzen und das Fleisch darin von allen Seiten kräftig anbraten. Das Currypulver über das Fleisch stauben und kurz mitbraten.

▌ Das gewürfelte Gemüse hinzufügen und 3 Minuten kräftig anbraten, dann die Fleischbrühe angießen. Das Ragout etwa 40 Minuten bei schwacher Hitze leicht köcheln lassen.

▌ Kurz vor Ende der Garzeit etwas vom Fleischsud in einen Topf schöpfen und die gehackte Schokolade darin unter beständigem Rühren auflösen. Es soll eine Emulsion von glatter, glänzender Konsistenz entstehen. Diese Schokoladensauce zum Ragout geben, unterrühren und das Fleisch noch so lange schmoren, bis es schön zart ist.

▌ Das Ragout mit Schokoladensalz und Pfeffer abschmecken, mit gerösteten Pinienkernen bestreuen und servieren.

Passt gut dazu: Als Beilage empfiehlt sich Kartoffelpüree oder Semmelknödel, nach Belieben mit Kakao-Nibs angereichert. Ein echter Hingucker wird das Ragout im ausgehöhlten Kürbis serviert.

Weintipp: Ein warmer kraftvoller spanischer Rotwein vollendet das Wildschweinragout. Die Riojas bringen neben ihrer warmen Art vor allem Eleganz und eine gewisse Frische mit. Die Spanier legen großen Wert auf die Reifung im kleinen Eichenholzfass. Letzteres gibt auch feine ätherische Öle an den Wein ab, sodass das Currypulver nochmals gewinnt.

Ragout von der Lammschulter mit Lavendelaroma

Lavendel, Lamm und Milchschokolade – keine Sorge, es wir nicht blumig, aber die Geschmacksharmonie wird sensationell.

Zubereitung: 1 Stunde 30 Minuten
Für 4 Personen

Zutaten

Lavendelsalz (hergestellt aus Lavendelblüten und Meersalz; siehe Zubereitung)

1 kg Lammschulter, in Würfel geschnitten

Pfeffer, frisch gemahlen

Öl zum Anbraten

150 g Zwiebeln, fein gewürfelt

40 g Tomatenmark

500 ml Weißherbst oder lieblicher Weißwein

150 g Karotten, gewürfelt

250 g Schmant (ersatzweise Sauerrahm)

50 g getrocknete Äpfel, in Streifen geschnitten

50 g getrocknete Birnen, in Streifen geschnitten

30 g Milchschokolade (38 % Kakao), gehackt

Für das Lavendelsalz einige Tage zuvor blühende, duftende Lavendeldolden abzupfen, leicht hacken, mit Meersalz zerreiben und in einem geschlossenen Gefäß ziehen lassen.

Das Lammfleisch mit Lavendelsalz und grob gemahlenem Pfeffer würzen und in einem Schmortopf in etwas Öl anbraten. Zwiebeln und Tomatenmark zugeben und kurz mitbraten, mit Wein ablöschen und unter ständigem Rühren auf die Hälfte einkochen lassen. Ein wenig Wasser angießen und das Fleisch etwa 1 Stunde schmoren, bis es weich ist.

Die Karotten zugeben und kurz garen. Dann den Schmant und die Trockenfrüchte hinzufügen, das Ragout abschmecken und mit der Milchschokolade abrunden. Falls gewünscht, die Sauce mit etwas Mehlbutter oder mit in Wasser angerührter Speisestärke andicken.

Passt gut dazu: Lamm und gratinierte Kartoffeln sind ein Klassiker. Rühren Sie zur Abwechslung in die Sahnemilch des Kartoffelgratins 35 Gramm geschmolzene Milchschokolade, bevor Sie sie über die Kartoffeln gießen – himmlisch!

Tipp: Wer mag, kann die Sauce mit etwas Apfelgelee und Balsamicoessig verfeinern.

Weintipp: Dazu passt ein Rosé aus der Provence … Hmmh! In der Provence wird noch heute der größte Teil der Trauben als Rosé ausgebaut, und die Winzer geben sich dabei viel Mühe. In der Regel sind die Rosés sehr trocken ausgebaut und begeistern mit ihrem Aroma, das an frische Kräuter und natürlich Lavendel erinnert, und sie spiegeln das Terroir wider.

Lammkarree mit Vitisschokolade und Cranberrykompott

Zimtblüte ist hocharomatisch und harmoniert sehr gut mit der Schokolade Vitis Noir, einem sehr fruchtigen Kakao aus der Dominikanischen Republik.

Zubereitung: 1 Stunde 30 Minuten
Für 4 Personen

Zutaten

4 Lammkarrees à 250 g
3 Zimtblüten | 60 ml Olivenöl
3 EL Zitronensaft | 1 Zweig Thymian, Blätter abgezupft | Salz | Pfeffer, frisch gemahlen
Öl zum Braten

Für die Sauce

1 Schalotte | 2 EL Tomatenmark
125 ml roter Portwein | 800 ml Lammfond
20 g Butter | etwas Kakao
30 g Vitis-Noir-Schokolade (70 % Kakao), gehackt | Schokoladensalz
schwarzer Pfeffer, frisch gemahlen

Für das Cranberrykompott

50 ml Orangensaft | 50 ml Portwein
1 Prise Salz | 3 Zimtblüten | 50 g Zucker
500 g frische Cranberrys | ¼ TL Speisestärke

Die Lammkarrees parieren und die Abschnitte für die Sauce aufbewahren. Öl in einem Topf erhitzen und die Lammabschnitte darin kräftig anbraten. Die Schalotte schälen, grob würfeln und mitbraten. Das Tomatenmark dazugeben und alles nochmals sehr kräftig anbraten. Mit dem Portwein ablöschen und diesen auf zwei Drittel einkochen lassen. Den Fond angießen und auf die Hälfte einkochen lassen.

Die Sauce durch ein Sieb gießen und köcheln lassen. Die Butter mit Kakao bestauben und unterziehen. Die Schokolade unterrühren und die Sauce warm stellen. Eventuell mit Schokoladensalz und Pfeffer nachwürzen. Den Backofen auf 60 °C vorheizen.

Drei Zimtblüten im Mörser fein zerstoßen und mit dem Olivenöl, dem Zitronensaft und den Thymianblättern verrühren, salzen und pfeffern. Die Karrees großzügig damit einpinseln, in einen Topf legen und etwa 1 Stunde im Ofen garen. Dann etwas Bratöl in einer Pfanne erhitzen und die Lammkarrees von beiden Seiten jeweils 3 Minuten gut anbraten. Aus der Pfanne nehmen, im ausgeschalteten Ofen noch 5 Minuten ruhen lassen und aufschneiden.

Für das Cranberrykompott 100 Milliliter Wasser, den Orangensaft, Portwein, Salz, Zimtblüten und Zucker kräftig aufkochen lassen. Die Cranberrys unterziehen und köcheln lassen, bis sie aufplatzen.

Die Cranberrys in ein Sieb abseihen, den Saft in einem Topf auffangen und bei mittlerer Hitze auf die Hälfte reduzieren und mit der in etwas Wasser angerührten Stärke ganz leicht binden. Die Zimtblüten herausnehmen und die Cranberrys wieder in den Saft geben. Die Lammkarrees auf vier Tellern mit dem Cranberrykompott anrichten.

Lammschulter mit weißer Schokolade und Lavendel

Weiße Schokolade und Lavendel passen beide hervorragend zum Lamm. Alle drei in einem Gericht vereint harmonieren auf unvergleichliche Art und Weise.

Zubereitung: 2 Stunden 40 Minuten
Einweichen der Früchte: 12 Stunden
Für 4 Personen

Zutaten

230 g getrocknete Aprikosen
230 g entsteinte Backpflaumen
200 ml halbtrockener Weißwein
1 kg Lammschulter ohne Knochen
40 g Semmelbrösel | 2 Eigelb | 25 g weiche
Butter | 1 Gemüsezwiebel, fein gehackt
4 EL fein gehackte Petersilie | ¼ TL gehackter
Rosmarin | ¼ TL gehackter Thymian
60 g weiße Schokolade, fein gehackt
abgeriebene Schale von 1 unbehandelten Zitrone
1 Prise Cayennepfeffer
½ TL frische Lavendelblüten | Salz | schwarzer
Pfeffer, frisch gemahlen | 75 g Zucker

▌ Die Trockenfrüchte im Wein über Nacht einweichen. Vor der Zubereitung aus dem Wein nehmen und abtropfen lassen. Das Fleisch aufschneiden, zu einem flachen Stück auf der Arbeitsfläche ausbreiten und sichtbares Fett entfernen.

▌ Den Backofen auf 220 °C vorheizen. 160 Gramm Aprikosen und 90 Gramm Pflaumen grob hacken. Die gehackten Früchte, Semmelbrösel, Eigelb, Butter, Zwiebel, Petersilie, die Kräuter, 40 Gramm der weißen Schokolade, Zitronenschale, Cayennepfeffer und die Hälfte des Lavendels sorgfältig mischen, leicht salzen und pfeffern und auf dem Fleisch verteilen. Die Fleischränder nach innen falten, die Schulter von einer Breitseite aus gut zusammenrollen und mit Küchengarn verschnüren.

▌ Den Zucker bei mäßiger Hitze in 150 Milliliter Wasser auflösen und aufkochen, die ganzen Aprikosen und Pflaumen sowie den restlichen Lavendel hineingeben und köcheln lassen.

▌ Den Braten mit Salz und Pfeffer würzen und in den Bräter legen. Die Trockenfrüchte um das Fleisch herum verteilen und den Sirup über die Früchte gießen. Das Fleisch 15 Minuten bei 210 °C und dann etwa 70 Minuten bei 140 °C braten, dabei gelegentlich mit Bratensaft begießen. Den Bräter aus dem Ofen nehmen und die Früchte in einer Schüssel warm halten. Das Garn vom Braten entfernen, diesen auf eine vorgewärmte Servierplatte legen und 10 – 15 Minuten bei etwa 40 °C ruhen lassen.

▌ Inzwischen von dem Bratensaft das Fett abschöpfen, diesen aufkochen lassen und die restliche weiße Schokolade unterziehen. Die Sauce in eine vorgewärmte Sauciere füllen. Zum Servieren die ganzen Trockenfrüchte um den Braten herum verteilen.

Weintipp: Das ist das Gericht für einen klassischen Elsässer Muscat mit Restsüße!

Glossar

Ancho-Chili: getrocknete Cilischote mit Raucharomen und eher milder Schärfe. Frisch Poblano genannt.

Barriqueschokolade: Schokolade mit 70 % Kakao aus Venezuela, die mit verschiedenen Gewürzen wie Kardamom, Koriander und Ingwer aromatisiert ist und sehr gut zu Weinen im Barriqueausbau passt.

Beurre manié: Butter und Mehl im gleichen Gewichtsverhältnis verknetet. Sie wird zum Binden von Saucen und auch Suppen verwendet und verfeinert zudem den Geschmack.

Bolivia Sauvage: Wildschokolade mit 70 % Kakao, hergestellt aus Kakaobohnen aus Bolivien.

Bouquet garni: Kräuterstrauß oder -säckchen, welches zusammengebunden wird, damit es vor dem Servieren leichter aus dem Gericht entfernt werden kann.

Chipotle-Chilipulver: Mittelscharfes Chilipulver aus der geräucherten Jalapeño-Chilischote, mit einem rauchig-süßen, an Schokolade erinnernden Geruch und Geschmack.

Gianduja: Spezieller Nugat aus dem Piemont.

Gremolata: Kräuterwürzmischung aus der Lombardischen Küche meist aus Petersilie, Knoblauch und Zitronenschale.

Kakao-Nibs: geröstete, zerbrochene Kakaobohnen, das Ausgangsprodukt für Schokolade. Sie lassen sich vielseitig zum Kochen und Backen verwenden und sind nicht süß. Erhältlich sind sie im Schokoladenfachgeschäft.

Kubebenpfeffer: Er zählt zur Familie der Pfeffergewächse und stammt aus Indonesien. Charakteristisch für ihn ist seine leichte Schärfe und der leicht bittere, rauchige Geschmack.

Langer Pfeffer (Javapfeffer): Sehr fruchtig, aber scharf.

Lime Juice: Konservierter und leicht gesüßter Limettensaft. Er wurde speziell für die Schifffahrt im 19. Jahrhundert gegen Skorbut entwickelt.

Mulato-Chilischoten: Die Mulato-Chilischote sind eine Varietät der getrockneten Jalapeños von dunkler Farbe und eher mildem, süßlichem Geschmack.

Mumbai-Curry: Eine milde, nur leicht scharfe, fruchtige, blumige Curry-Gewürzmischung.

Pasilla-Chilischoten: Ziemlich scharfe, getrocknete Chilaca-Chilischoten. Ihr komplexer Geschmack hält lange an.

Piment d'Espelette: Sehr aromatisches, leicht scharfes Edelpaprikapulver aus Südfrankreich.

Pondicherrypfeffer: Die vollreife Pfefferkirsche wird aufwendig getrocknet, bewahrt dadurch ihr volles Pfefferaroma und bringt nur wenige Schärfe mit.

Rosa Pfefferbeeren oder Rote Schinusfrüchte: Kein echter Pfeffer, sondern die Frucht des brasilianischen Pfefferbaums. Aromatisch im Geschmack ohne wirkliche Schärfe.

Sarawakpfeffer: Der Name weist auf die Herkunft des Pfeffers, das Bundesland Sarawak im Osten Malaysias hin. Zählt zur Art *Piper Nigrum*.

Tahitivanille: Eine sehr duftige, blumige und hocharomatische Vanille.

Tellicherrypfeffer: Er ist eine Besonderheit, denn er wird durch Fermentierung des echten roten Pfeffers gewonnen, statt wie sonst üblich des grünen Pfeffers. Die etwas größeren Körner sind sehr aromatisch und würzig.

Umami-Schokolade: Milchschokolade mit 38 % Kakao, hergestellt aus Kakaobohnen aus Papua-Neuguinea und aromatisiert mit Salz und Zitrusgewürzen. Sie passt hervorragend zu Rieslingweinen.

Venezuela-Espelette-Schokolade: Schokolade aus bestem Lagenkakao der Sorten Trinitario und Criollo mit 70 % Kakao. Sie ist gewürzt mit Piment d'Espelette.

Vitis Noir: Schokolade aus Trinitariobohnen aus der Dominikanischen Republik, mit Zimtblüte und Kubebenpfeffer verfeinert. Sie passt sehr gut zu Spätburgunder.

Zimtblüte: Die unreife Frucht des Ceylon-Zimtbaums. Die optisch Nelken ähnelnden Stängelknospen sind sehr aromatisch und schmecken zimtig, leicht süß und etwas scharf.

Zitronenverbene: Einjährige aus der Familie des Eisenkrauts stammende Pflanze. Ihre Heimat ist Südamerika. Sie besitzt kräftige ätherische Zitrus-Öle. Die geschnittenen, gemörserten oder getrockneten Blätter sind vielseitig einsetzbar.

Bezugsquellen   Dank

Bitter & Zart
Braubachstr. 14, 60311 Frankfurt/Main
info@bitterundzart.de
www.bitterundzart.de

Choco Monde
Dovenkamp 15b, 22952 Lütjensee
info@chocomonde.de
www.chocomonde.de

Chocolate & More
Westenrieder Str. 15, 80331 München
info@chocolate-and-more.de
www.chocolate-and-more.de

DUNKLES GOLD Schokoladen
Brüsseler Str. 44, 50674 Köln
info@dunklesgold.de
www.dunklesgold.de

Winterfeldt Schokoladen
Goltzstraße 23/Ecke Pallasstraße, 10781 Berlin
post@winterfeldt-schokoladen.de
www.winterfeldt-schokoladen.de

Schokovida
Hegestr. 33, 20249 Hamburg
info@schokovida.de
www.schokovida.de

GötterSpeise Chocolaterie & Café
Jahnstraße 30, 80469 München
info@goetterspeise.info
www.goetterspeise-muenchen.de

Schell Schokoladenmanufaktur
Schloßstraße 31-33, 74831 Gundelsheim
schell@schell-schokoladen.de
www.schell-schokoladen.de

Stolberg Schokoladen
Ledererstr. 10, 80331 München
stolberg@stolberg-schokoladen.de
www.stolberg-schokoladen.com

Confiserie & Café Simon
Am Rindermarkt 10, 94032 Passau
pralinen@simon-passau.de
www.simon-passau.de

Ein großes Dankeschön möchte ich insbesondere zwei Personen sagen, ohne die dieses Kochbuch nicht so geworden wäre, wie es jetzt ist.

Eine der bekanntesten Sommelièren, mit der ich schon viele Jahre zusammenarbeiten darf, ist **Natalie Lumpp**. Sie hat sich mit den Rezepten auseinandergesetzt und hat mit ihrem hervorragenden Sachverstand für die Rezepte die passenden Weine ausgewählt. Denn ein Gericht wird immer durch das dazugehörende Getränk abgerundet und zur Spitze gebracht. Außerdem gehört Wein zu den edelsten und gesündesten Getränken, die es überhaupt gibt. Natalie Lumpp ist diejenige, welche Gericht und Wein auf das Vorzüglichste verbunden hat.

Hans Peter Merk, von Beruf Küchenmeister, ist ein langjähriger Freund, der ebenfalls unglaublich kreativ ist und Freude am Ausprobieren hat. Ihn steckte ich mit meiner Idee zu diesem Buch an und mit ihm zusammen habe ich viele Rezepte für dieses Buch entwickelt und kreiert. Er war auch der Fachmann, der mich bei vielleicht allzu exzessiven Ideen an das Machbare erinnerte.

Dieses Rezeptbuch möchte ich **Annette**, **Agnes** und **Michaela** widmen.

Schokolade und Gewürze – perfekte Harmonie.

Register

Einfach & anders

ISBN 978-3-86244-262-1

ISBN 978-3-86244-319-2

ISBN 978-3-86244-480-9

ISBN 978-3-86244-223-2

ISBN 978-3-86244-008-5

ISBN 978-3-86244-212-6

ISBN 978-3-86244-131-0

ISBN 978-3-86244-214-0

ISBN 978-3-86244-231-7

ISBN 978-3-86244-209-6

ISBN 978-3-86244-224-9

ISBN 978-3-86244-145-7

Alle Titel der Reihe erhältlich in Ihrer Buchhandlung oder unter
www.christian-verlag.de

CHRISTIAN